Hen

A

(Day of the eclipse)

GUERRE DU KOSOVO
LE DOSSIER SECRET

Éric Laurent

GUERRE DU KOSOVO
LE DOSSIER SECRET

PLON

ISBN : 2-259-19132-0

Préface

Ce livre est le récit d'un drame, probablement même une tragédie, que tous les spécialistes et observateurs lucides considéraient depuis plusieurs années comme prévisible, inéluctable et presque programmée.

Un dicton affirme : « Les hommes savent qu'ils font l'Histoire, mais ne savent pas quelle histoire ils font. » Ce qui s'est produit au Kosovo le prouve et l'illustre de façon cruelle. Durant la guerre du Golfe les responsables au pouvoir à Washington, Paris, Londres, Bonn étaient tous issus d'une génération ayant connu la Seconde Guerre mondiale. Une page définitivement tournée. Clinton, Blair, Schröder, Solana, nés pour la plupart après 1945, issus du baby boom, ont vu surgir incrédules un conflit du XIVe siècle au moment même où avec fierté ils se préparaient à faire entrer leur pays dans le troisième millénaire. A un affrontement ethnique ils ont voulu répliquer par une guerre « éthique » en utilisant la puissance militaire disproportionnée, inadaptée et souvent aveugle de l'Otan.

Dans le bureau ovale de la Maison-Blanche, peu avant le déclenchement des frappes aériennes contre la Serbie, Bill Clinton confiait à ses proches collaborateurs : « Le peuple américain ne sait peut-être pas encore tout de moi, mais il sait du moins que je n'aime pas utiliser la force militaire. » Tony Blair, de son côté, ajoutait : « C'est la première fois que ma génération est confrontée avec la nécessité d'utiliser la force pour imposer à certains moments ce que l'on croit être bien. » A l'opposé de Raymond Aron ils ne considèrent pas que l'Histoire est tragique, ils veulent seulement que le monde soit moral.

Une ambition infiniment louable, même si les buts pour y parvenir restent flous. En 1969, Tony Blair manifestait à Oxford contre la guerre du Vietnam, Clinton faisait de même aux Etats-Unis tout comme Schröder et son ministre des affaires étrangères, le leader des verts Joska Fisher. Quant à l'Espagnol Javier Solana, secrétaire général d'un Otan dominé par les Etats-Unis, il fut longtemps hostile à toute forme d'engagement militaire et n'identifiait qu'un seul ennemi : l'impérialisme américain.

Pour tous ces ex-pacifistes confrontés à l'épreuve des faits le Kosovo, défini par un expert du Pentagone comme « plus petit que l'Etat du Kentucky avec un PIB comparable à celui de la Birmanie », est déjà une angoisse et pour certains un cauchemar semblable au spectre de l'enlisement américain au Vietnam, qu'ils ont combattu il y a une trentaine d'années. « Le monde est plein d'idées européennes devenues folles », écrivait un historien, en 1952, à propos du communisme et du fascisme, conçus, éclos au cœur de notre continent. Il avait oublié, comme beaucoup, la folie ethnique, déclenchée par des populations esclaves de la mémoire et obsédées par les haines du passé. Ce siècle, marqué par tant de progrès, se termine étrangement comme il avait commencé, charriant l'intolérance et son cortège d'horreurs.

En 1912, alors que les Serbes venaient d'arracher à l'Empire ottoman le contrôle du Kosovo, l'envoyé spécial d'un journal ukrainien décrivait le massacre de milliers d'Albanais, les villages brûlés. Le journaliste précisait que des groupes de criminels se joignaient à l'armée serbe pour perpétrer des pillages. « Les Serbes de la vieille Serbie, ajoutait-il, avec leur obsession de corriger les statistiques ethnographiques défavorables, sont tout simplement engagés dans une extermination systématique de la population musulmane. » Le journaliste, auteur de cette analyse que l'on pourrait reproduire presque intégralement, se nommait Léon Trotski.

Aujourd'hui, les opinions publiques, à travers le monde entier, peuvent contempler les silhouettes brisées de ces centaines de milliers de réfugiés. Et ils auraient tort de s'en détourner par lassitude, car tout crime en train de s'accomplir table sur l'indifférence et l'impunité. L'enjeu est énorme, comme le souligne l'historien Paul Garde, pour qui « un succès du pouvoir serbe » serait un « Kosovo libre d'Albanais », au sens où les nazis parlaient d'un pays « Judenfrei », libre de Juifs.

Commencée avec la guerre du Golfe, cette dernière décennie de notre siècle s'achève sur un nouvel embrasement des Balkans. Les deux crises ne sont pas exemptes de similitudes. Pendant la guerre contre l'Iran, Saddam Hussein estimait que son pays constituait un bouclier protégeant le monde arabe et les intérêts occidentaux de l'expansionnisme perse. Milosevic, lui, voit dans la Serbie, qui combattit aux côtés des alliés contre les nazis, le dernier rempart contre la poussée musulmane en Europe.

Nous avons aussi adressé au dictateur irakien et à l'autocrate serbe de mauvais signaux aux mauvais moments. Tous deux ont cru que la faiblesse des mises en garde occidentales leur permettrait en toute impunité de faire main basse sur le Koweït et de vider le Kosovo de sa population albanaise. J'ai rencontré longuement Saddam Hussein et Milosevic. Ils professent l'un et l'autre le même goût pour la force et la ruse, et un profond mépris pour nos démocraties. Mais au-delà, et c'est probablement ce qui les rend aussi dangereux et imprévisibles, ils ressemblent à des hommes du

passé, projetés dans la modernité. Ils ont également cru que, placés devant le fait accompli,
nous céderions leur détermination, la charge
affective et nationaliste que revêtaient les territoires revendiqués.

Bagdad avait toujours contesté le découpage
territorial faisant du Koweït un Etat indépendant et considéré le pays comme partie inté-
grante de l'Irak, tandis que pour les Serbes le
Kosovo représente le cœur et le « berceau
sacré » de leur identité.

André Malraux, recevant un visiteur serbe,
lui avait confié, vingt-cinq ans auparavant :
« Méfiez-vous, le Kosovo risque d'être le
théâtre d'une nouvelle guerre d'Algérie », et,
avait-il ajouté, « ce ne sera pas une guerre qui
se déroulera sur un autre continent, mais au
cœur même de votre pays ».
C'est désormais la réalité à laquelle nous
sommes confrontés. Ce livre est une chronique
d'histoire immédiate, le récit d'un engrenage
et d'un aveuglement, celui de nos dirigeants,
puis de leur sursaut face au piège qui se
referme sur eux.

CHAPITRE PREMIER

Josy Broz Tito mourut en 1980. Il avait créé une Fédération yougoslave composée de six républiques et deux provinces autonomes qui regroupaient une véritable mosaïque ethnique : 36 % de Serbes, 20 % de Croates, 9 % de musulmans bosniaques, 8 % de Slovènes, 6 % de Macédoniens et 8 % d'Albanais, le reste étant composé de « Yougoslaves ». Cette « fédération socialiste de peuples libres et égaux » lui survécut sept ans. Son agonie commença très exactement en 1987.

Cette année-là un apparatchik terne et solitaire prit la direction du parti communiste serbe. Il se nommait Slobodan Milosevic et ses pairs au sein du Comité central le surnommaient le « petit Lénine » en raison de son penchant prononcé pour l'autorité et de son refus de déléguer la moindre parcelle de pouvoir.

Milosevic, né en 1941, avait auparavant dirigé des entreprises d'Etat, notamment une compagnie de gaz puis une banque, ce qui l'avait conduit à vivre à New York.

Ceux qui l'ont connu à cette époque le décrivent comme tranchant avec ses subordonnés et obséquieux à l'égard de ses supérieurs, dépourvu d'amis et très proche de sa femme Mirjana, alors professeur de marxisme.

Ce personnage dont la carrière et la personnalité paraissaient dépourvues de relief possède un passé sombre et chargé. Son père se tua d'une balle alors qu'il avait vingt et un ans, et sa mère se pendit dans son salon en 1974. Son oncle préféré, un officier, a également mis fin à ses jours.

Le 24 avril 1987 le communiste orthodoxe va se transformer en leader nationaliste et s'engager dans la voie qui allait disloquer la Yougoslavie et embraser les balkans.

Ce jour-là, à Kosovo Polge, une localité du Kosovo proche de la capitale Pristina, il participe à un rassemblement organisé par les Serbes, minoritaires à l'intérieur de cette province peuplée à 90 % d'Albanais musulmans.

Milosevic écoute les interventions qui se succèdent. La foule égrène ses doléances, se plaint d'être brimée par les Albanais. Soudain la manifestation dégénère et les policiers albanais commencent à disperser les manifestants à coups de matraque. Milosevic d'une voix empreinte d'émotion lance alors : « A l'avenir plus jamais personne ne vous frappera. »

Les Serbes galvanisés scandent : « Slobo, Slobo. » La croisade pour la grande Serbie est lancée.

Cet épisode métamorphosa totalement Milosevic. « Ce fut, dira l'historien anglais Noël Malcolm, comme si une drogue nouvelle et puissante avait été injectée dans ses veines. »

Son intervention, rediffusée inlassablement par la télévision de Belgrade, fut « interprétée par tous les Serbes comme un appel à la guerre », confiera un de ses proches.

Le 23 juin 1989, commémorant devant un million de personnes, au Kosovo, le 600e anniversaire de la bataille mythique du champ des Merles qui opposa Serbes et Ottomans, il évoque le « peuple serbe humilié » qui doit « en finir avec son complexe d'infériorité », assumer sa place « comme la grande nation de la région », et retrouver son « intégrité nationale et spirituelle, au moyen d'affrontements armés si cela est nécessaire ».

Le ton du discours, la violence des propos galvanisent les Serbes et inquiètent Croates, Slovènes, Bosniaques, Macédoniens. Face à l'irrédentisme serbe ces peuples n'entrevoient d'autre choix que la voie de l'indépendance. Milosevic et ses partisans ont pratiquement pris le contrôle de la Fédération. Ses adversaires surnomment désormais la Yougoslavie « Serboslavie ». L'éclatement est proche.

En février 1989, l'armée fédérale entre au Kosovo. « Aucune force sur terre n'arrêtera le peuple de Serbie », annonce Milosevic. Un an plus tard l'autonomie des provinces du Kosovo

15

/ ¿¿¿

et de Voïvodine, où vit une importante minorité hongroise, est supprimée. La guerre est imminente.

L'offensive sera soigneusement planifiée. La Slovénie qui abrite une population à plus de 90 % slovène est relativement épargnée. « Nous ne voulions pas de guerre avec la Slovénie, confia Milosevic. C'est une république ethniquement pure, sans Serbes. Ça nous est égal qu'elle quitte la Yougoslavie. Une fois débarrassés de la Slovénie, on pouvait s'occuper de la Croatie. »
12 % de Serbes, soit 600 000 personnes, composent la population croate. En novembre 1991, Vukovar, une des plus grandes villes du pays après Zagreb, est rasée. Bilan : 15 000 morts. Au terme de quatre années de guerre, les Croates reprendront le contrôle de la presque totalité de leurs territoires. Plus de 300 000 Serbes s'enfuient ou sont chassés.
Prochaine cible : la Bosnie, la plus multiethnique des républiques de l'ancienne Yougoslavie : 43,7 % de musulmans, 31,4 % de Serbes, 17,3 % de Croates y cohabitaient jusqu'alors en bonne intelligence.

Le 6 avril 1992, les Serbes de Bosnie, postés sur les collines alentour, entament le siège de Sarajevo. La ville est soumise à d'intenses bombardements, tandis que les tireurs isolés, les « snipers », abattent froidement les civils. Le règne de la haine.
Ici se situent les deux premières erreurs commises par l'Occident :

1) Face aux provocations et aux exactions serbes, les forces de l'Onu sont privées de tout pouvoir d'action et de réplique. Les casques bleus sont en permanence humiliés. La passivité, la lâcheté et parfois même la complaisance des responsables occidentaux ont probablement contribué à forger la froide détermination de Milosevic au Kosovo, quelques années plus tard.

2) Pendant toute la durée du conflit bosniaque, le maître de Belgrade est considéré, dans les chancelleries, comme l'artisan incontournable de toute solution négociée, alors qu'en réalité il est le cœur du problème.

Radovan Karadzic et le général Mladic seront peu à peu considérés comme des « criminels de guerre ». Milosevic qui leur fournit une aide logistique, un soutien sans faille, restera, lui, soigneusement épargné.

Il désinforme les Serbes et ment à ses visiteurs étrangers. L'enclos de Srebrenica, zone protégée par l'Onu, tombe aux mains des Serbes. 8 000 habitants seront considérés comme disparus. A Belgrade, la propagande officielle ne cesse de répéter que la Serbie « menacée par l'étranger » est « agressée par la Croatie et la Bosnie ».

CHAPITRE II

– Fumez-vous le cigare?

Slobodan Milosevic me tend une petite boîte de cigarillos posée sur une table à côté de lui et se penche vers moi, tenant à la main un briquet allumé. Nous sommes assis face à face dans deux fauteuils de cuir, profonds, aux larges accoudoirs. Son vaste bureau est situé au premier étage d'un bâtiment gris donnant sur un jardin public. Je n'ai croisé personne dans les couloirs hormis sa secrétaire, et le lieu semble totalement désert.

Je suis arrivé la veille à Belgrade, en provenance de Budapest.

En Bosnie, la situation n'a jamais été aussi dramatique. L'étau se resserre sur Sarajevo soumis à des pilonnages incessants. Milosevic est calme, détendu et pendant les quatre heures que nous passerons en tête à tête, il ne manifestera pas le moindre signe de tension ou d'agacement. Rusé, cynique, tour à tour jovial ou indigné il va s'employer à travestir la réalité, à la tronquer. Nous sommes au pays du « mensonge déconcertant ».

Il manie, en marxiste éprouvé, une « dialectique féline » dont Arthur Koestler me disait à Londres « qu'elle retombe toujours sur ses pieds ».

Mais avec le recul du temps, certains mensonges de Milosevic sont extraordinairement révélateurs. Tout comme certaines de ses affirmations, notamment sur l'avenir du Kosovo.

Je commence par évoquer la fermeté croissante de la communauté européenne et des Etats-Unis, décidés à durcir leur position à l'égard de la Serbie. Il secoue la tête, navré.

– J'espère que la radicalisation que vous évoquez ne constitue qu'une position extrême et temporaire, comme le balancier d'une horloge. On nous soumet à des sanctions qui seraient justifiées par une prétendue agression de la Serbie contre la Bosnie-Herzégovine. Or, il n'y a pas un seul soldat serbe dans cette république. Je voudrais qu'on me montre des documents qui prouveraient notre ingérence dans la guerre civile qui se déroule en Bosnie. Il devrait être simple pour un pays comme les Etats-Unis, par exemple, de produire de telles preuves s'ils les détiennent.

– Vous estimez donc que l'application de sanctions à votre égard est injuste ?

– Cette méthode de pression par des sanctions a été inaugurée par la communauté européenne. Rappelez-vous quand et pour-

Sanction

quoi. Elle a été décrétée quand nous avons refusé de ratifier un document proposé par le médiateur Lord Carrington, parce que ce document prévoyait implicitement l'abolition de l'Etat yougoslave. Nous avons été soumis aux sanctions internationales uniquement parce que nous n'acceptions pas de voir notre Etat dissous.

– Selon vous, quelle est l'origine du conflit en Bosnie-Herzégovine ?

– Tout découle de la politique aventuriste suivie par les dirigeants bosniaques. M. Itzebegovic et les dirigeants musulmans bosniaques ont cru que le démantèlement de la Yougoslavie allait leur permettre de créer en Bosnie un Etat islamique. C'est-à-dire qu'ils prétendaient imposer les intérêts d'un seul des trois peuples constituant la Bosnie, en écrasant les intérêts des deux autres. Je l'ai déjà affirmé : Serbes et musulmans sont frères en Bosnie. Un conflit entre eux ne peut que servir les intérêts de leurs ennemis.

Dans un conflit de ce genre, il n'y a ni vainqueurs, ni innocents, à l'exception des civils qui supportent le poids des affrontements. Mais je voudrais ajouter que la communauté européenne, là aussi, a appliqué deux poids, deux mesures. On a précipitamment reconnu la Bosnie-Herzégovine, un Etat qui n'avait ni assemblée, ni gouvernement, ni présidence, qui ne contrôlait même pas son territoire et ne possédait pas une nouvelle constitution. La

situation stable, sans conflit armé qui prévalait encore en Bosnie a été perturbée, torpillée
par cette reconnaissance hâtive.

– Affirmeriez-vous que l'armée fédérale
n'est nullement impliquée en Bosnie ?
– Il n'y a pas un seul soldat de l'armée fédérale yougoslave aujourd'hui en Bosnie. La Serbie n'est mêlée en aucune façon à ce conflit
qui est une guerre civile. S'il y a une agression
contre cette république, elle provient des
forces croates. Je sais que les observateurs
européens connaissent le nombre exact d'unités croates qui se trouvent sur le territoire de
la Bosnie. Il y a là-bas 42 000 hommes appartenant à l'armée régulière croate.

– Quelle influence exercez-vous sur les
milices serbes qui se battent en Bosnie ?

– En Bosnie, une armée de la communauté
serbe s'est créée sur le même modèle que
l'armée de la communauté musulmane et celle
de la communauté croate. Toutes ces armées
sont issues du tronc commun de l'armée fédérale qui stationnait sur ce territoire. La présidence de la Yougoslavie insistait auprès de
toutes les parties pour que soit réglée la question du statut de l'armée en Bosnie. Une rencontre avait même eu lieu à Skopje pour
aboutir à une démilitarisation. Cette négociation a été interrompue par M. Itzebegovic qui
est entré à Sarajevo et a ordonné l'attaque
générale de toutes les casernes de l'armée

fédérale et de certains territoires serbes. Cet ordre a même été publié dans la presse. M. Itzebegovic a démenti par la suite en disant qu'il s'agissant d'un faux.

— Mais vous avez bien une influence sur les forces serbes de Bosnie ?

— Nous n'avons aucune influence sur l'organisation militaire, sur l'état-major. Nous avons seulement des contacts avec les représentants du peuple serbe de Bosnie et nous tentons d'influer au maximum pour favoriser un cessez-le-feu immédiat. Les dirigeants serbes de Bosnie ont approuvé nos initiatives et, à plusieurs reprises, ils ont proclamé des cessez-le-feu unilatéraux que l'autre partie n'a jamais respectés.

— Condamnez-vous les bombardements de Sarajevo ?

— Totalement. Nous l'avons fait publiquement car nous estimons que ces actions n'ont aucun sens et que ce foyer de confrontation doit être éteint pour ouvrir la voie à des négociations de paix. Nous avons insisté pour que l'aéroport et la ville de Sarajevo soient démilitarisés. Cela correspond à la position de la direction serbe de Bosnie, mais il n'y a pas eu d'acceptation de toutes les parties. Je suis convaincu que sans la visite de M. Mitterrand, l'aéroport ne serait toujours pas dégagé. Les bérets verts des milices islamiques ont tou-

jours refusé de cesser leur harcèlement de
l'aéroport.

— Si la bonne volonté serbe est aussi évi-
dente, comment expliquez-vous que le président français ait déclaré avec fermeté que
« la Serbie est aujourd'hui l'agresseur » ?

— Je crois que le Président français, comme
d'ailleurs beaucoup d'autres personnalités, a
reçu un grand nombre d'informations fausses
sur la responsabilité réelle du conflit en Bosnie. Il semble qu'il existe une loi, un peu
illogique, qui consiste à condamner toujours
celui qui est le plus fort, en l'occurrence les
Serbes de Bosnie. Il est certain que cette
guerre civile a fait beaucoup de victimes. Si
vous recevez constamment des images de tueries et d'atrocités où l'on accuse les Serbes
d'avoir commis ces actes, vous finissez par
croire que ce peuple est un peuple de sauva-
ges et d'assassins. Or, il y a d'innombrables
images de villages serbes détruits, d'enfants
brûlés, de femmes violées, d'excès commis
contre les Serbes que nous voyons sur nos
écrans et auxquelles vous n'avez pas eu accès
dans vos télévisions occidentales. Pourquoi
cette sélection ?

— Peut-être parce que des images très fortes
ont fait le tour du monde et frappé l'opinion.
Par exemple, la violence inouïe du siège contre
la ville de Vukovar.

(Milosevic à cet instant paraît légèrement embarrassé et marque une courte pause avant de répondre.)

– C'est vrai. Les images du siège de Vukovar ont été catastrophiques pour nous.

– Etes-vous toujours communiste ?

– Une classification communiste ou non communiste n'a plus aucun sens aujourd'hui en Yougoslavie. Je suis le fondateur du parti socialiste de Serbie qui compte près de 500 000 membres dont la moitié sont des citoyens qui n'ont jamais appartenu au parti communiste, ni à aucun parti d'ailleurs.

– On vous soupçonne pourtant de tenir un discours ultranationaliste pour mieux masquer ce passé communiste.

– Lisez mes discours, et si vous y trouvez des idées nationalistes, alors là seulement vous pourrez me qualifier de nationaliste.

– Vous ne vous considérez pas comme un leader nationaliste serbe ?

– Je suis un patriote serbe, je n'ai rien d'un nationaliste. Je ne vois aucune raison de haïr quelque peuple que ce soit. Je crois que le nationalisme n'a plus aucune raison d'être à la fin du xxe siècle.

– Défendez-vous l'idée d'un Etat serbe « ethniquement pur » ?

24

– Jamais. Je trouve que l'idée d'un Etat-nation ethniquement pur est une aberration totale à notre époque. C'est la conception politique la plus réactionnaire que l'on puisse imaginer.

– Quelle est la décision politique la plus importante que vous pensez avoir prise ?

– Je crois que c'est l'unification de la Serbie. Si la Serbie ne s'était pas unifiée en 1990, avec le processus terrible de destruction de la Yougoslavie qui a suivi, le peuple serbe se serait retrouvé aujourd'hui sans patrie. En effet, de toutes les républiques yougoslaves, la Serbie, par la faute de la Constitution de 1974, était la seule à être coupée en trois parties. Les régions autonomes de Voïvodine et du Kosovo avaient obtenu des prérogatives pratiquement équivalentes à celles d'un Etat indépendant.

Nous n'avons pas aboli l'autonomie de la Voïvodine, ni celle du Kosovo : nous avons seulement supprimé leurs prérogatives d'Etat. Les tensions existant au Kosovo ne découlent pas d'un affrontement avec l'Islam. Il s'agit d'une confrontation avec le séparatisme albanais qui proclame officiellement un Kosovo ethniquement pur, bien que le Kosovo soit le cœur de la Serbie et que vivent dans cette région plus de 200 000 Serbes établis avant même que les premiers Albanais y aient posé le pied.

– Et les frontières de l'actuelle Serbie sont à vos yeux intangibles. Elles ne peuvent en aucune manière être remises en cause ?

– Qui les remettrait en question, à l'exception des séparatistes albanais ?

– Est-ce qu'il n'y a pas justement de votre part une certaine contradiction à revendiquer l'autodétermination pour les Serbes et à la refuser aux Albanais qui représentent pourtant 90 % de la population du Kosovo ?

– Les Serbes et les Croates sont des peuples qui n'avaient pas d'autre État national que la Yougoslavie. Serbes, Croates, Monténégrins, Slovènes, Macédoniens n'ont jamais été traités en minorité nationale en Yougoslavie. Les Albanais sont une minorité nationale en Serbie. Ils peuvent compter sur tous les droits accordés aux minorités, mais ces droits ne permettent pas de quitter le pays et de se rattacher à l'État voisin.

– Vous ne céderez jamais ?

– Se séparer du Kosovo ? Jamais. Je crois qu'aucun responsable assis à ma place ne pourrait accepter une telle chose et le peuple serbe ne le tolérerait pas davantage. Ecoutez, dans certaines grandes villes américaines, il existe des « Chinatowns » où vivent plus de 90 % de Chinois. Comment réagiraient les autorités américaines si ces Chinois décrétaient unilatéralement l'indépendance ?

— Etes-vous inquiet d'une montée du phénomène islamique ?

— Chacun doit éprouver beaucoup d'inquiétude face à ce phénomène. Il serait funeste que
le monde soit divisé par des fractures reli-
gieuses alors qu'il ne cesse de s'unifier grâce à
l'évolution technologique, aux communications.

— De nombreux responsables, à l'étranger,
estiment que la situation, dans l'ex-Yougosla-
vie, ne pourra se résoudre qu'avec votre remplacement à Belgrade ?

— On oublie que la crise yougoslave n'a pas
commencé à Belgrade. Elle a débuté avec les
sécessions unilatérales de la Slovénie, de la
Croatie, puis d'autres républiques. Ici, les gens
vivent normalement, en paix. On nous impose
des sanctions parce que, dans notre voisinage
il y a une guerre civile et qu'on nous accuse,
injustement, de nous être livrés à une invasion.

— Vous n'avez pas pour objectif la création
d'une « grande Serbie » ?

— Non, jamais. Je l'ai dit et écrit : la Serbie
n'a jamais eu de prétentions territoriales
envers quiconque, elle n'a jamais éprouvé le
besoin d'élargir ses frontières. Il va de soi
qu'en tant que membre de la communauté
internationale, elle doit respecter les principes
de cette communauté, dans la mesure où les

autres Etats le font aussi. Je suis contre le système « deux poids, deux mesures ».

– Que voulez-vous dire ?

– Qu'il ne faut pas essayer de nous imposer des critères que l'Europe elle-même n'applique pas.

– Pouvez-vous être plus précis ?

– Je veux décrire un état d'esprit. Les Européens tentent d'imposer à la Yougoslavie des solutions qu'aucun des Etats occidentaux n'accepterait chez lui. Prenez l'exemple de la France. Supposez qu'une de ses régions se proclame unilatéralement indépendante, qu'elle retienne en otage les Français qui y vivent mais qui ne veulent pas de cette séparation, et que tout ceci se déroule sur fond de confrontations militaires. A votre avis, comment réagirait Paris si en plus un pays voisin appuyait et protégeait cette sécession ?

– Combien de temps comptez-vous tenir face à la pression internationale ?

– Si les puissances étrangères se mettent à remodeler la Serbie à leur convenance, cela ne sera pas très bon pour la Serbie, mais ce ne sera pas très honnête de la part de ces puissances.

L'interview achevée, il avait prolongé la conversation, détendu, plaisantant même parfois. L'homme qui transformait l'Histoire et la géographie en une double fatalité, en disloquant à nouveau les Balkans, semblait à la fois déroutant et déchiffrable, tel un manipulateur étalant ses mensonges pour mieux les brouiller ensuite. J'éprouvais un étrange sentiment d'irréalité. Le bureau était silencieux, pas un bruit ne provenait de l'extérieur, le téléphone n'avait pas sonné une seule fois durant notre entretien et la pièce était dépourvue de toute pendule indiquant l'heure. Milosevic semblait installé hors du temps.

Je me rappelais la confidence que m'avait fait peu apravant le Président tchèque Vaclav Havel : « Lorsque je suis arrivé au château (le palais présidentiel, sur les hauteurs de Prague, où les dirigeants communistes s'étaient succédé depuis 1948), une chose m'a immédiatement frappé : dans toutes les pièces que je parcourais, aucune horloge ne marchait. Le totalitarisme, au fond, fonctionne hors du temps, ou cherche à l'abolir. »

Slobodan Milosevic illustrait parfaitement ce constat. Au terme de dix années de pouvoir, son bilan était désastreux : en 1989 la Yougoslavie était presque en mesure de rejoindre la communauté européenne. En 1999, elle pouvait juste se prévaloir d'un statut de pays pauvre et sous-développé. Elle regroupait en 1989 23 millions d'habitants. Dix ans plus tard elle en comptait moins de la moitié. Sur les six républiques fédérales la composant, quatre étaient devenues des Etats indépendants et

29

une autre, le Monténégro avait à sa tête un président hostile à Milosevic. En huit années de guerre plus de 200 000 personnes étaient mortes et 3 millions étaient devenues des réfugiés.

Et pourtant comme dans un songe il déclarait ne pas vouloir poursuivre son rêve d'une « grande Serbie » même si ces actes démentaient cette profession de foi.

Lorsqu'il rejoignit en 1995 la base militaire de Dayton, dans l'Ohio, où toutes les parties avaient été réunies pour élaborer un règlement au conflit bosniaque, l'administration Clinton possédait sur lui un dossier épais. Son profil psychologique soigneusement étudié et consigné par la CIA évoquait notamment un homme « fréquemment et profondément dépressif, dépendant de l'alcool, notamment le whisky et le vin ». En fait les négociateurs américains furent stupéfaits de découvrir un personnage aux réactions imprévisibles.

Le premier jour il fit attendre plus de quarante minutes le secrétaire d'Etat américain, Warren Christopher, et le Président croate Franco Tudjman. « En arrivant, il avait la cravate dénouée, de travers, l'air absent, confia un témoin. Visiblement il sortait d'un déjeuner bien arrosé. »

« Nous pensions, confiera un des négociateurs américains présents à Dayton, qu'il allait se battre pied à pied pour sauvegarder au mieux les intérêts des minorités serbes en Bosnie et en Croatie. En réalité, il s'en est totalement désintéressé. »

30

Peter Galbraith, l'ancien ambassadeur américain en Croatie, lui présenta un projet d'accord sur les droits des Serbes restés en Croatie : « C'était stupéfiant, rapporte le diplomate. Il n'a pas manifesté le moindre intérêt sur l'avenir et le sort des Serbes de Croatie. »

A un autre moment, Milosevic confia à ses interlocuteurs américains, à propos des Serbes en Bosnie : « Vous voulez savoir ce que j'en pense vraiment : ce sont des gros ploucs. » Une moue méprisante accompagnait son propos.

Mauvais stratège et habile tacticien, Milosevic utilisa toutes les opportunités. Pendant que, en août et en septembre 1995, les avions de l'Otan et la Force de réaction rapide bombardaient enfin les positions des Serbes de Bosnie, à Belgrade il mettait au point avec l'émissaire américain Richard Holbrooke, le cadre du futur accord de Dayton. Ces bombardements étaient pour lui un formidable atout : il pouvait ainsi renoncer à ses objectifs, et lâcher les Serbes de Bosnie, sans pour autant compromettre son pouvoir.

A-t-il cru que les Etats-Unis et leurs alliés européens ne réagiraient pas s'il intervenait au Kosovo ? Probablement. Pourtant l'administration Bush avait suivi avec inquiétude l'éclatement de la Yougoslavie, en 1991. Pour le Président américain et son équipe, il était clair que le risque d'une nouvelle guerre dans les Balkans viendrait d'un affrontement au

Kosovo. A leurs yeux la Croatie et la Bosnie ne représentaient que des « risques secondaires », des théâtres d'affrontement où il convenait de ne pas s'engager.

Plus les mois passaient et plus l'inquiétude du chef de l'exécutif américain grandissait. Bush prit la décision d'envoyer un avertissement clair au Président serbe, le 29 décembre 1992. Lawrence Eagleburger, le secrétaire d'Etat adjointe, donna des consignes strictes à l'ambassadeur américain à Belgrade : il devait transmettre cette mise en garde verbalement et au cours d'un tête-à-tête avec Milosevic. Le message précisait « qu'en cas de développements au Kosovo qui seraient dus à des actions serbes, les Etats-Unis sont prêts à intervenir militairement contre les Serbes au Kosovo et contre la Serbie elle-même ».

« J'ai voulu, dira Bush à ses proches, tracer une ligne et lui indiquer nettement qu'il ne serait pas autorisé à la franchir. » Quelques jours plus tard le président quittait la Maison-Blanche et cédait la place à Bill Clinton.

Confronté à cette menace, à peine voilée, de la plus grande puissance militaire du monde, Milosevic réagit comme à son habitude. Il déclara à l'ambassadeur américain, Warren Zimmerman, qu'il était persuadé que les Etats-Unis avaient élaboré un plan pour contrôler l'ensemble des Balkans avec la complicité de l'Allemagne, l'ennemi traditionnel de la Serbie. « D'abord, disait-il, Washington va transformer l'Albanie en une colonie américaine, puis remontera, à travers le Kosovo, jusqu'à la Serbie pour l'étrangler..J'en suis persuadé. »

L'ambassadeur rapporte sa dernière rencontre avec le leader serbe, en avril 1992. Il venait d'être rappelé par son gouvernement, pour protester contre les atrocités commises par les Serbes en Bosnie. Milosevic avait organisé un dîner qui dura près de quatre heures. Dans une ambiance pesante, il réfuta toutes les accusations portées contre lui, puis s'engagea dans un exposé interminable et lyrique sur les séduisantes possibilités d'investissement et de commerce offertes par la Serbie aux investisseurs étrangers. Les participants l'écoutaient silencieux et stupéfaits.

Mortal impasse between démography and history

CHAPITRE III

« Au Kosovo, écrit Fouad Ajama dans *Newsweek*, la vérité dans toute sa brutalité n'a pas changé : c'est une impasse mortelle entre démographie et histoire. » La démographie est du côté des Albanais qui représentent plus de 90 % des 1,8 million d'habitants. Les Serbes, empreints de mysticisme, considèrent ce territoire comme le « berceau sacré » de leur nation.

Dès 1990, Belgrade avait déployé l'armée fédérale à travers la province et décrété l'état de siège. En juin de la même année des lois furent promulguées, supprimant toutes les institutions politiques garantissant une autonomie de la province. « Serbiser » le Kosovo devenait l'objectif de Milosevic. Les écoles n'enseignaient plus que le serbe et des dizaines de milliers de personnes furent chassées de leur emploi.

La guerre actuelle commença en février 1998. Très exactement le 28 février. Des affrontements, dans la région de la Drenica, au centre du pays, se prolongèrent durant plusieurs jours ; bilan : près de 70 morts et

1990 autonomy of Kosovo
34
1998 War Kosovo

6 500 sans-abri. Les forces serbes avaient répliqué à l'assassinat de deux policiers par un commando albanais.

Au Département d'Etat à Washington, le Kosovo ne faisait pas l'objet d'un traitement particulier. Le dossier était suivi et traité par un bureau subalterne au sein de la division des Affaires européennes.

Pourtant le 9 mars, les six ministres des Affaires étrangères du groupe de contact, réunissant la France, l'Allemagne, la Grande-Bretagne, la Russie, l'Italie et les Etats-Unis se retrouvèrent à Londres. La réunion eut lieu au Foreign Office dans la salle de conférence.

Le secrétaire d'Etat américain Madeleine Albright surprit par la fermeté des ses propos. « Nous devons, dit-elle, nous souvenir que les seules pressions que le président Milosevic comprend sont celles qui lui font payer cher son comportement inacceptable. Nous ne voulons pas d'une répétition de 1991, lorsque la communauté internationale n'a pas réagi avec suffisamment de vigueur et de force à la violation de critères universels en matière de droits de l'homme. Une fois de plus, le président Milosevic joue avec le feu. L'Histoire nous regarde et nous avons l'occasion de réparer les erreurs que nous avons commises il y a quatre ou cinq ans. »

Madeleine Albright, d'origine tchèque, avait été bouleversée par les photos des massacres de la Drenica, montrant des corps mutilés.

« J'ai juré, avait-elle confié à des proches, devant les noms des 77 297 morts gravés sur les murs de la synagogue Pinkas de Prague, que plus jamais je ne permettrais que puisse avoir lieu un holocauste. »

L'émissaire américain pour les Balkans, Robert S. Gelbard, fut envoyé d'urgence à Belgrade pour y rencontrer Slobodan Milosevic. Gelbard est un diplomate chevronné mais la rencontre avec le président serbe se déroula de façon catastrophique. Le ton monta rapidement entre les deux hommes et l'Américain évoquant les conséquences des récentes tueries lança à son interlocuteur stupéfait : « Vous avez fait plus et mieux que quiconque pour renforcer les effectifs de l'UCK (l'armée de libération du Kosovo qui milite pour l'indépendance du territoire). Vous agissez exactement comme si vous étiez, en secret, le président de cette organisation. » Furieux, Milosevic se leva et déclara à Gelbard : « A l'avenir je refuse de vous rencontrer. »

Madeleine Albright reste convaincue de l'ampleur du danger et de la nécessité d'une action rapide. Elle confie à son homologue italien, Lamberto Dini, rencontré au cours d'une escale à Rome : « Nous ne pouvons pas rester passifs. Nous devons montrer aux autorités serbes qu'elles ne pourront pas agir au Kosovo comme elles l'ont fait en Bosnie. »

Selon ses proches collaborateurs, elle se fixe trois objectifs : convaincre les alliés européens, l'opinion publique américaine et la Maison-Blanche. C'est à Washington que sa tâche va être la plus rude.

Un conseiller du président américain confie. « Je dois avouer que durant les premiers mois de 1998 je n'ai pas participé à une seule réunion, à la Maison-Blanche, où le Kosovo a été évoqué, même en passant. Nous étions absorbés par la préparation des visites du président Clinton en Chine et en Afrique, et par le risque d'effondrement politique et économique de la Russie. En fait, à cette époque, toutes les séances de travail avec Bill Clinton étaient surtout dominées par un seul sujet : l'*Impeachment* et rien d'autre. »

A la Maison-Blanche, un homme tente de freiner cette volonté d'escalade du secrétaire d'Etat. Il se nomme Sandy Berger et dirige le Conseil national de sécurité. Son bureau est situé à quelques mètres de celui du président qu'il rencontre chaque matin à 9 h 15, pour évoquer avec lui les dossiers importants de politique étrangère. Berger, ancien avocat à la silhouette enveloppée, a connu Clinton en 1972 à Alamo. Tous deux travaillaient à l'époque dans l'équipe de Georges Mac Govern, le candidat démocrate à la présidence, qui fut sévèrement battu par Nixon.

Quand il fut nommé à la tête du Conseil national de sécurité, une de ses premières initiatives fut de réunir Madeleine Albright et William Cohen, le ministre de la Défense, afin d'élaborer avec eux quatre « règles afin de ne pas se tuer ».

– Règle numéro 1 : pas de critique en public.
– Règle numéro 2 : Laissons chacun faire lui-même marche arrière et plutôt que de dire :

« Eh bien, Berger ne sait vraiment pas de quoi il parle », Berger intervient en personne et déclare : « Bon, j'ai peut-être exagéré. »

– Règle numéro 3 : la présomption d'innocence. Avant d'être convaincu que votre collègue agit de façon douteuse, décrochez votre téléphone et parlez-lui longuement.

– Règle numéro 4 : pas de politique par conférence de presse interposée. Nous devons tomber d'accord sur les choses avant de les présenter comme une décision politique.

Selon Berger, Albright et lui se téléphonent en moyenne trente fois par jour. Il a, c'est vrai, appuyé auprès de Clinton la candidature du secrétaire d'Etat. Pourtant, sur le dossier du Kosovo, Berger enfreint quelque peu les principes qu'il a lui-même édictés. « N'allons pas trop loin sur la voie des menaces, déclare-t-il. Je redoute que cette affaire du Kosovo ne nous entraîne à promettre plus que le président ne pourrait tenir. »

A ses yeux la crédibilité des Etats-Unis pourrait être gravement compromise. Il sait pouvoir compter sur le soutien du Pentagone, réticent à toute forme d'engagement militaire dans les Balkans.

Le 31 mars 1998 la résolution 1 160 du Conseil de sécurité de l'Onu décide l'instauration de sanctions économiques à l'encontre de Belgrade. Bill Clinton, de son côté, annonce le gel des avoirs yougoslaves aux Etats-Unis. Une double décision sans grande portée pratique.

Les émissaires européens se sont succédé à Belgrade, notamment le ministre français des

Affaires étrangères, Hubert Vedrine, et son homologue allemand Klaus Kinkel. Sans résultat. Milosevic semble clairement privilégier un dialogue, ou du moins une négociation avec les Etats-Unis.

Or, Washington donne le sentiment de gérer de façon quelque peu ambiguë le dossier.

« Albright s'inquiétait, menaçait, déclare un diplomate américain et sur l'autre versant notre ambassadeur en Macédoine, Christopher Hill, travaillait à un règlement rapide. Sa carte maîtresse : le président de la République autoproclamée du Kosovo, Ibrahim Rugova. Un disciple de Gandhi, partisan à la fois de l'indépendance et d'une action non violente. »

Pour l'Europe et les Etats-Unis, mais aussi pour Belgrade, Rugova, intellectuel mesuré, est un interlocuteur parfait. Sa décision de créer un gouvernement fantôme a contribué à diviser profondément les Albanais. Il n'a jamais eu les moyens de s'opposer à Milosevic. « Si Rugova est resté si longtemps le seul interlocuteur, faisait remarquer un diplomate étranger, c'est parce qu'il ne disait jamais non. Il est bien quand il s'assied et écoute. »

En réalité, peu nombreux sont les observateurs étrangers qui ont perçu à quel point l'impuissance politique de Rugova a contribué à radicaliser les esprits au sein d'une partie de la population albanaise et favorisé l'essor de l'UCK, l'armée de libération. Le journal de Pristina, *Koha Ditore*, reproduit par *Courrier international*, porte un jugement sévère : « il a créé une politique d'illusion et pendant toute une décennie il n'a jamais été capable de proposer une autre solution politique. Cela a abouti à une politique de guerre, produit direct de son discours sur l'Indépendance, dans la mesure où il n'a créé aucune institution gouvernementale pour réaliser cet objectif (...)

« La communauté internationale a compris que les Albanais s'étaient attachés à Rugova et qu'ils se soumettraient à son autorité. Elle composait donc avec lui. Obéissant et peut-être même naïf, ce dernier ignorait tout des relations entre les Albanais du monde entier, et encore plus des relations serbo-albanaises au cours de ces dernières années. Il a en effet perdu le sens des réalités, son itinéraire quotidien se réduisait au trajet entre l'association des écrivains kosovars et son domicile. Evidemment il était en contact avec des diplomates étrangers, ce qui lui faisait croire qu'il était vraiment le président de la République du Kosovo. Ainsi Rugova et la communauté internationale ont-ils créé l'illusion de l'indépendance du Kosovo. »

« Au fond, dira un collaborateur de la Maison-Blanche, nous étions dans la position d'un joueur qui détient plusieurs cartes et qui ne sait pas laquelle abattre. En vérité nous n'étions même pas sûr que ces cartes soient utilisables. Nous avions Rugova dans une main et l'UCK dans l'autre. Madeleine Albright réclamait avec de plus en plus d'insistance que l'on envisage une option militaire, Sandy (Berger) s'y opposait de plus en plus fermement. Bref, nous approchions de l'impasse. »

Au cours d'une réunion tenue au début du mois de mai, dans les bureaux du Conseil national de sécurité, Robert Gelbard évoqua pour la première fois l'éventualité d'une frappe aérienne.

Berger hocha la tête négativement.

– Brandir une telle menace sans avoir envisagé le type d'action que nous mènerions ensuite est une absurdité.

Gelbard répondit en évoquant ses entretiens avec le chef des forces de l'Otan, le général Wesley Clark. « Nous avons, ajouta-t-il, déjà travaillé à sélectionner des cibles à bombarder. »

Berger rejeta catégoriquement l'idée et l'initiative. Selon un participant, « la température chuta immédiatement de plusieurs degrés dans la pièce, et personne ne prit la parole pour soutenir Gelbard. A ce moment-là nous nous raccrochions encore à l'option Rugova. »

Elle était défendue par Christopher Hill et Richard Holbrooke. Ce dernier, artisan des accords de Dayton ayant permis un règlement en Bosnie, venait d'être nommé par Clinton ambassadeur aux Nations unies et attendait d'être confirmé dans ses fonctions par le Congrès. Grand, massif, arrogant, l'homme était réputé pour son ambition forcenée et un goût immodéré du pouvoir. Sous-secrétaire d'Etat puis ambassadeur durant l'administration Carter, il avait ensuite bifurqué vers le privé où il était devenu un banquier riche et comblé, avant de rejoindre l'administration Clinton.

« Rester dans l'ombre, demeurer discret, s'apparentait presque pour lui à une défaite, dira un de ceux qui ont travaillé à ses côtés. Il voulait toujours jouer un rôle de premier plan, savourer les délices de la notoriété. »

Durant la crise bosniaque, il avait fréquemment irrité les Européens, en manifestant à leur égard une désinvolture proche du dédain. « Travailler avec nos alliés n'est pas toujours simple, confiait-il en boutade. Si je ne les consulte pas, ils me le reprochent, si je les rencontre souvent je perds mon temps. » Il se flattait d'être le négociateur étranger connaissant le mieux Milosevic et d'avoir réussi à le convaincre de s'asseoir à une table de négociation.

Les deux hommes s'étaient rencontrés pour la première fois en 1995, en pleine crise bosniaque, et un témoin de leurs entretiens, longs et animés, avait déclaré : « J'ai pu observer deux ego danser toute la nuit. »

Holbrooke mentionna plus tard à propos de Milosevic : « Quelqu'un faisait observer que, né ailleurs et doté d'une éducation différente, il aurait été un politicien à succès dans un système démocratique. »

La séduction vénéneuse exercée par Milosevic sur le négociateur américain ne dura guère. En effet, cinq jours après cette première rencontre, trois officiels américains se tuèrent, le 19 août 1995, en Bosnie dans la descente du Mont Igman leur véhicule bascula dans un ravin. Un homme jaillit d'une autre voiture du convoi et tenta de leur porter secours. Il s'agissait du conseiller militaire de Holbrooke, le général Wesley Clark, actuel commandant suprême des Forces de l'Otan en Europe.

Holbrooke et Clarke n'ont jamais oublié ce drame et considèrent que Milosevic en fut le responsable direct : il avait refusé aux négociateurs américains la possibilité de se rendre par avion de Belgrade à Sarajevo, les obligeant à emprunter cette piste dangereuse. Par la suite, dira un témoin, Clark et Holbrooke déployèrent encore beaucoup d'efforts pour infléchir les positions de Milosévic, notamment durant les négociations de Dayton. Ils passèrent une nuit entière à boire du scotch avec le dirigeant serbe tout en négociant un couloir d'accès de Sarajevo à Gorazde pour la fédération croato-musulmane. Mais le cœur n'y était plus.

Ce n'était plus le cœur mais la raison et un espoir fragile qui poussaient Holbrooke et Hill à jouer la carte Rugova, même si le leader albanais apparaissait de plus en plus marginalisé dans son propre camp.

Après de longues et délicates tractations et plusieurs navettes diplomatiques de la part des Américains, Milosevic et Rugova qui s'étaient jusqu'ici soigneusement évités et ignorés acceptèrent pour la première fois de se

Rugova CW

rencontrer. Le tête-à-tête eut lieu à Belgrade et n'aboutit à aucun résultat tangible, « sinon de décrédibiliser un peu plus Rugova et d'augmenter le nombre des combattants indépendantistes de l'UCK, » selon les termes d'un négociateur.

Un diplomate britannique avait affirmé après cette réunion : « C'est la raison pour laquelle l'UCK est devenue très populaire, non en raison de la clarté de ses vues, mais à cause de la violence serbe. Le statu quo albanais et le silence de l'Occident l'ont renforcée et poussée dans une voie irréversible. »

Rugova, l'homme au langage mesuré et à l'allure frêle, passionné de Roland Barthes, avait obtenu de Holbrooke et Hill, en échange de sa rencontre avec Milosevic, la promesse d'être reçu par Bill Clinton à la Maison-Blanche. L'entrevue fut fixée au 27 mai 1998.

Malheureusement l'attention et l'agenda du Président américain durant cette période furent totalement absorbés et bouleversés par d'autres événements internationaux, et le Kosovo « n'émergea jamais comme prioritaire et pour être exact il n'émergea même pas du tout », selon la confidence d'un collaborateur de la Maison-Blanche.

CHAPITRE IV

Le lundi 15 mai 1998, Sandy Berger arriva comme chaque matin à 7 h 30 à la Maison-Blanche. Il parcourut stupéfait les rapports parvenus durant la nuit et posés sur son bureau.

L'Inde venait de procéder à trois tests nucléaires souterrains, portant à son comble la tension entre New Delhi et le Pakistan, détenteur lui aussi de l'arme atomique.

Surpris, agacé, le chef du Conseil national de sécurité demanda à ses collaborateurs de réunir d'urgence le maximum d'informations sur cet événement, avant son briefing quotidien avec le président.

Dix jours auparavant, Berger avait transmis au ministre des Affaires étrangères indien un message de Clinton indiquant que les Etats-Unis souhaitaient intensifier leurs relations avec l'Inde. A aucun moment, au cours de la discussion, le dossier nucléaire n'avait été évoqué.

A 9 h 15, Berger pénétra dans le bureau ovale, profondément embarrassé. En apprenant la nouvelle, Clinton entra dans une vio-

lente colère et apostropha son conseiller :
« Mais dis-moi comment une telle chose a pu
arriver sans que nous soyons avertis ? »

Berger ne pouvait fournir aucune explication. A l'inverse de ses prédécesseurs, Henry
Kissinger ou Zbigniew Brzezinski, il n'avait
aucun goût pour les stratégies et les construc-
tions géo-politiques. « Il ressemble davantage,
selon un observateur qui le connaît bien, à un
pompier qui tente de circonscrire les incen-
dies. En fait, bien qu'il soit le principal
conseiller de politique étrangère du président,
il n'a qu'une ligne de raisonnement : quel sera
l'impact de cet événement sur la politique intérieure et la popularité du président ? »

« Je l'aime bien, glisse perfidement Henry
Kissinger, mais vous ne pouvez pas reprocher
à un avocat spécialisé dans les affaires
commerciales de ne pas être un stratège plané-
taire. Le conseiller pour la sécurité reflète les
vues et les attentes du président et je ne pense
pas que le président attende de lui une stratégie globale. »

Travaillant 14 à 18 heures par jour, Berger
croulait sous les dossiers. Au moment même
où Milosevic et Rugova préparaient leur rencontre, il avait effectué un aller-retour à Moscou pour avertir les Russes qu'ils
s'exposeraient à des sanctions s'ils ne rédui-
saient pas leurs transferts de technologie militaire à l'Iran. Ensuite il s'était replongé dans la
préparation du voyage officiel de Bill Clinton
en Europe tout en multipliant les contacts

avec le Premier ministre israélien, Benjamin Natanyahou, ainsi qu'avec Yasser Arafat, pour relancer le processus de paix israélo-palestinien. Les dossiers commerciaux, les affrontements avec le Congrès avaient dévoré le reste de son temps.

Lorsque Ibrahim Rugova fut reçu le 27 mai à la Maison-Blanche par Bill Clinton et Al Gore, « les deux dirigeants américains, selon un de leur collaborateur, avaient l'esprit ailleurs ».

L'entrevue fut brève. Le dirigeant albanais, intimidé, déclara que « sans une intervention urgente des Etats-Unis, pour mettre fin à l'escalade de la violence, son pays se dirigeait tout droit vers la guerre ».

Bill Clinton, la mine absorbée, hochait la tête en l'écoutant et répondit : « Sachez que nous ne tolérerons jamais qu'une situation semblable à celle de la Bosnie se produise au Kosovo. » Mais aucune proposition concrète ne fut formulée.

Rugova offrit au président américain une imposante pièce en quartz extraite d'une mine albanaise, identique à celle qu'il offrit près d'un an plus tard au pape Jean-Paul II. Le visage de Clinton s'éclaira brusquement : « C'est superbe. Savez-vous que l'on trouve des minéraux absolument semblables en Arkansas », et devant un Rugova stupéfait, il consacra tout le reste de l'entretien à décrire les beautés insolites contenues dans le sous-sol de son Etat.

Au début du mois de juin 1998 les pourparlers furent rompus entre Belgrade et les leaders nationalistes albanais. La situation militaire ne cessait de se détériorer au Kosovo, où les affrontements entre les forces serbes et l'UCK sont de plus en plus nombreux. Près de 15 000 réfugiés kosovars ont déjà franchi la frontière de l'Albanie.

A Washington la Maison-Blanche était littéralement paralysée par l'affaire Levinsky et l'enquête du procureur indépendant Kenneth Starr.

« Un seul dossier étranger, selon un collaborateur, était alors sur le bureau du président, celui de l'Irak. Des frappes contre Bagdad étaient à l'étude. »

En juin, le ministre de la Défense américain, William Cohen, rencontra ses collègues de l'Otan. Il leur demanda d'autoriser le comité militaire de l'Alliance atlantique à planifier une intervention militaire au Kosovo. Bill Clinton fit savoir qu'il « autorisait et approuvait les préparatifs militaires de l'Otan ».

Les experts de l'Alliance planchent sur plusieurs options allant du simple tir de missiles Cruise au déploiement de forces terrestres. Les planificateurs évoquent même une invasion de la Yougoslavie : leurs estimations chiffrent à plus de 200 000 hommes les effectifs nécessaires pour une telle guerre.

En réalité, à cette époque, aucun responsable politique ne croit encore sérieusement à la nécessité d'une intervention. « C'est probablement, selon un expert de l'Otan, la raison pour laquelle nous n'avons pas envisagé l'évidence : l'expulsion massive de population. Pourtant durant les sept années de conflit en Yougoslavie, nous avions assisté à une répétition grandeur nature. En 1992 les Serbes de Bosnie avaient expulsé plusieurs centaines de milliers de non-Serbes et en 1995 150 000 Serbes avaient dû fuir la Croatie. L'arme de l'expulsion a toujours été au cœur des guerres dans les Balkans depuis plus d'un siècle. »

En juin, Richard Holbrooke se rendit à Junik, une base de l'UCK au Kosovo. Une semaine plus tard, il rencontre secrètement en Suisse, à Cran Montana, des leaders de l'organisation séparatiste. La rencontre avait été organisée par le Premier ministre albanais, Fatos Nano. Le chef du gouvernement de Tirana considère l'UCK comme un partenaire politique à part entière. Le nord de l'Albanie abrite des bases du mouvement et des armes à destination du Kosovo transitent par la frontière. L'objectif de Nano : convaincre les Américains que l'UCK est devenue un partenaire incontournable. Mais Holbrooke est hésitant : « Vos types, lance-t-il, l'autre jour dans les camps, m'ont menacé avec des mitraillettes, je ne le tolère pas. » L'organisation séparatiste contrôle alors près d'un tiers du pays et les forces serbes paraissent sur la défensive.

Un homme connaît parfaitement la nature de l'UCK, ses agissements et ses objectifs : George Tenet, le directeur de la CIA.

Ce fils d'émigré grec, âgé de quarante-six ans, arrive tous les jours à 7 heures au quartier général de l'agence, à Langley, vêtu souvent d'un pantalon de survêtement, sans être rasé. Il s'installe à son bureau, branche sa chaîne stéréo, choisit un morceau d'opéra et commence à travailler sur fond sonore de Verdi ou Puccini. Son chanteur favori est le ténor aveugle Andrea Bocelli.

Les rapports qu'il a eus entre les mains décrivent l'UCK comme une organisation marxiste radicale, infiltrée par les mafias, impliquée dans le trafic de drogue et utilisant les profits ainsi obtenus pour acheter des armes au marché noir. L'UCK est également accusée de violences ethniques contre des civils serbes.

« Le plus grand danger, précise une de ces analyses, serait qu'un soutien à l'UCK aboutisse aux mêmes dérives que celles que nous avons connues avec les moujahiddins afghans, que nous avions armés et financés, et qui ont basculé dans des luttes de factions et le radicalisme islamique. »

D'autres renseignements récents, émanant d'agents de la CIA basés en Albanie et au Kosovo, décrivaient la bonne tenue des combattants séparatistes sur le terrain. Plusieurs bataillons de l'UCK auraient notamment défendu avec succès la région de Podujevo, dans le nord du Kosovo.

Des contacts secrets entre responsables de la CIA et du Pentagone, et des dirigeants de l'UCK se tiennent en Europe. Les Américains

50

LE DOSSIER SECRET

proposent notamment de fournir des armes
antichar, de fabrication européenne. Tenet et
William Cohen, le ministre de la Défense,
transmettent à la Maison-Blanche des mémo-
randums détaillant ces rencontres.

Sandy Berger et Clinton opposent un veto
immédiat. « Pas question, dira le chef du
Conseil national de sécurité, ces types ne sont
pas fréquentables. » Le président américain
demande également à Berger d'adresser un
message clair aux dirigeants albanais : « Ne
fournissez pas d'armes aux rebelles. »

Peu après, au cours d'une réunion des principaux ministres de cabinet, Cohen déclarera,
pour s'opposer aux frappes aériennes que
réclame la secrétaire d'Etat Madeleine
Albright : « les bombardements de l'Otan
pourraient affaiblir les Serbes au point de permettre à l'UCK de prendre le pouvoir. Au fond
les avions de l'Otan seraient en quelque sorte
les forces aériennes de l'UCK. »

Pourtant durant cette période, bon nombre
de renseignements militaires, transmis à
l'Otan, sur les positions de troupes serbes, les
unités engagées dans la répression, émanaient
de cette organisation. Wesley Clark lui-même
se montrait particulièrement intéressé par ces
sources, qui transitaient par les responsables
politiques de Tirana, et il les considérait
comme fiables. L'Otan avait distribué des télé-
phones cellulaires aux chefs des unités séparatistes en leur demandant d'appeler le quartier
général de l'organisation à Bruxelles en cas
d'information nouvelle.

51

L'Otan et le Pentagone, malgré leurs réserves, continuent de maintenir un contact étroit avec l'UCK. L'Alliance atlantique et le gigantesque ministère de la Défense américain manquent en effet cruellement d'informations décrivant l'état réel sur le terrain.

Les photos satellites et les avions espions ne suffisent pas à fournir un tableau précis.

A la fin du mois de juin, alors que Washington baigne déjà dans une torpeur estivale, George Tenet reçoit un rapport troublant, provenant d'une source officielle de Tirana, qui est « traitée » par l'agence : « L'objectif arrêté de l'UCK est d'entraîner l'Otan dans son combat pour l'indépendance, en provoquant davantage les Serbes et en les incitant à commettre encore plus d'atrocités. »

Cette note fera partie des informations quotidiennes que le directeur de la CIA transmet chaque matin au Président des Etats-Unis. Elle ne suscitera aucun commentaire.

Dès le 2 juillet les forces serbes passent à la contre-offensive. Les alliés ont réaffirmé leur opposition à un Kosovo indépendant ou même à une partition du pays. Mais Madeleine Albright s'inquiète du « mauvais signal » envoyé par Paris. Jacques Chirac et Lionel Jospin sont tombés d'accord pour conditionner une intervention de l'Otan à un mandat précis du Conseil de sécurité de l'Onu.

Milosevic peut se sentir rassuré. Il est clair, aux yeux de la secrétaire d'Etat américaine, que les Russes opposeront un veto à une telle initiative.

« Personne encore, à Washington, n'envisageait une guerre au Kosovo, confie un responsable du Département d'Etat, mais personne non plus ne voulait de l'Onu : trop lourd, trop complexe et trop délicat à utiliser. Nous ne savions pas encore quel type de conflit nous aurions à gérer mais chacun, du président au secrétaire d'Etat, était certainement déjà convaincu qu'il faudrait agir militairement sans autorisation explicite du Conseil national de sécurité de l'Onu. »

Deux propositions sérieuses, qui auraient pu aboutir à une solution négociée et éviter l'impasse militaire et le drame humanitaire actuels, vont être ignorées.

L'ambassadeur des Etats-Unis auprès de l'Otan, Alexander Vershbow, ancien membre du Conseil de sécurité de la Maison-Blanche, était tout à la fois conscient de la gravité de la situation, de l'embarras des alliés et de l'impasse croissante.

Alexander Vershbow, respecté par ses collègues pour sa compétence, élabora un plan de règlement qu'il baptisa : « Temps pour une autre stratégie de fin de partie. »

Ses propositions prévoyaient l'instauration d'un protectorat international au Kosovo garanti par le déploiement de 30 000 hommes des forces de l'Otan. Si ce protectorat devait être imposé par la force, 60 000 hommes, selon lui, seraient nécessaires. « Rapidement ou un peu plus tard, ajoutait-il, nous allons devoir envisager le déploiement des troupes terrestres. Nous avons beaucoup trop d'intérêt au maintien d'une stabilité politique dans le sud des Balkans, pour permettre que ce conflit se prolonge et s'étende. »

Pour que l'administration puisse séduire un Congrès réticent il envisageait une « contribution américaine limitée ». Les Russes alliés des Serbes devaient être associés à ce plan de règlement, selon l'ambassadeur, qui suggérait que Washington et Moscou le présentent ensemble devant le Conseil de sécurité de l'Onu.

Cette initiative sur le Kosovo pourrait ainsi, écrivait le diplomate, devenir un modèle de coopération entre la Russie et l'Otan.

Le câble secret et codé contenant ces propositions de règlement parvint dans la capitale fédérale le 7 août. Il était destiné au Département d'Etat et au Conseil national de sécurité. Il ne pouvait pas arriver à un pire moment.

Le même jour, en effet, des bombes détruisaient les ambassades américaines au Kenya et en Tanzanie, faisant de nombreuses victimes.

« Le président, confiera un de ses proches, était indigné par ces attentats. Il était aussi plongé en plein travail avec ses avocats pour préparer sa défense et son intervention devant le grand jury enquêtant sur l'affaire Monica Lewinsky. »

George Tenet, le directeur de la CIA, et William Cohen, le patron du Pentagone, furent soumis à d'énormes pressions présidentielles.

« Clinton voulait savoir très rapidement qui avait pu commanditer ces attentats, les complicités dont il avait bénéficié, de la part de quels pays, déclare un responsable de l'agence. Plus personne n'entendait des airs d'opéra en passant devant le bureau de Tenet. Durant cette période, 90 % de notre travail tournait autour de ces affaires. Le président exigeait de Tenet des résultats rapides, et Tenet exigeait de nous des preuves convaincantes. Je pense que nous sommes arrivés à leur concocter un menu savoureux. » En tout cas le Kosovo n'était pas sur la liste des plats qu'il fallait leur servir.

Quelques jours plus tard Bill Clinton prit connaissance des premières conclusions : les attentats avaient été commandités par le millionnaire saoudien Osama Bin Laden, exilé en Afghanistan où il contrôlait plusieurs bases et ferme soutien des « Talibans », ces intégristes islamiques qui contrôlaient la plus grande partie du pays.

Le Soudan, considéré par les experts américains comme un « relais » pour de nombreuses opérations terroristes, était également impliqué.

« Retrouver la trace d'Osama Bin Laden n'avait pas été trop dur, selon un membre de la CIA. Il avait travaillé pour nous durant plusieurs années, en pleine guerre d'Afghanistan, et nous lui avions même fourni du matériel militaire et de l'argent. En abondance, je crois. A l'époque il affichait des convictions antisoviétiques, mais je pense qu'en réalité il était déjà anti-occidental. »

55

Clinton donna l'ordre au Pentagone de préparer une liste de cibles, au Soudan et en Afghanistan, qui pourraient être détruites par des missiles Cruise.

« Le missile Cruise, souligne un observateur, est le rêve clintonien par excellence, l'arme parfaite pour son administration. » Lancé à distance, ne mettant pas en péril la vie d'un seul soldat, c'est au fond, écrira l'éditorialiste William Safire, la « troisième voie » appliquée à la guerre.

Un témoin des rencontres entre Bill Clinton et le Premier ministre britannique Tony Blair évoquera leur « fascination pour la technologie de pointe, y compris militaire. » Dépourvus de toute connaissance directe ayant trait à la seconde guerre, ils estimaient que les affrontements armés pouvaient désormais être conduits différemment, c'est-à-dire beaucoup plus rapidement et sans pertes.

C'était aussi une conception politiquement très confortable pour le chef de l'exécutif. « Il pouvait, selon un observateur, affirmer devant la nation : en tant que chef des armées je mène une opération militaire, mais aucun soldat ne risque sa vie. Bref, je ne fais pas la guerre. Une analyse me vient à l'esprit : il ne raisonnait pas différemment dans l'affaire avec Monica, en déclarant : "Ce n'est qu'une fellation, je n'ai pas eu de relations sexuelles avec elle." »

Dans le tourbillon qui agitait Washington, le plan de Vershbow passa quasiment inaperçu.

Des responsables du département d'Etat le trouvèrent intéressant et réaliste mais, dira l'un d'eux : « déjà dépassé, dépassé par les événements intérieurs ». Le président était attaqué devant le grand jury, accusé de mensonge, et il aurait été facile de sous-entendre que ses décisions prises en matière militaire avaient pour objectif de faire diversion et détourner l'attention des problèmes qu'il devait affronter.

Au même moment, la fiction rejoignait de façon stupéfiante la réalité.

Le film *Des hommes d'influence* venait de sortir sur les écrans. Il racontait comment un conseiller présidentiel créait une fausse guerre en Albanie pour cacher à l'opinion les frasques sexuelles de l'hôte de la Maison-Blanche.

« A Washington, selon un collaborateur du président, le film donnait lieu à d'incessantes allusions. Pas un cocktail ou un dîner ne se déroulait sans qu'un invité finisse par vous demander : " Puisque vous travaillez à la Maison-Blanche vous devez savoir quand le président a projeté d'intervenir dans ce coin à côté de l'Albanie où les gens se massacrent actuellement. Ce serait une bonne idée, personne ne connaît cette région. " Vous voyez, ajoute ce collaborateur, avec ce film et la référence faite à l'Albanie nous étions entrés dans une dimension surréaliste. Même si le président s'était montré à cette époque décidé à intervenir au Kosovo, ce qui n'était pas le cas, il n'aurait pas pu. Tout le monde l'aurait soupçonné d'agir pour les pires raisons, ou du moins les plus opportunistes. »

CHAPITRE V

Au début du mois de septembre 1998, tous les rapports indiquaient que plus de 20 000 Kosovars, victimes des combats ou des exactions serbes, devaient être considérés comme des personnes déplacées. Washington ne manifesta aucune réaction.

« Clinton se battait alors pied à pied contre l'Impeachment, rapporte un de ses proches. La menace se rapprochait. »

Toujours en septembre, l'ex-sénateur républicain Bob Dole, candidat malheureux contre Clinton aux dernières élections présidentielles, revint d'une visite dans les Balkans. Il fut reçu à la Maison-Blanche par le président qui avait à ses côtés Sandy Berger. Dole, personnalité respectée au sein du Congrès, décrivit la gravité de la situation. Il entretenait notamment d'excellentes relations avec les autorités de Tirana, et put fournir des informations précises sur l'ampleur de la répression et la peur, partagée par tous les dirigeants de la région, d'un véritable embrasement.

« Le président écoutait soigneusement », se rappelle Dole. Lorsqu'il eut fini son exposé le président américain resta un bref moment silencieux, comme plongé dans ses pensées, puis il lâcha : « C'est terrible. » Selon Dole, « Berger ne fut pas plus loquace ».

Quelques minutes plus tard, le conseiller pour la Sécurité nationale quitta la pièce, laissant les deux hommes en tête à tête. Clinton se pencha alors vers Dole et lui demanda : « Bob, à votre avis combien de sénateurs républicains vont-ils voter contre " l'Impeachment " ? En connaissez-vous quelques-uns qui soient encore indécis ? »

C'était sa seule pensée, son obsession, confirmeront tous ceux qui l'ont rencontré à cette époque, devenir le premier président de l'histoire américaine à « quitter le pouvoir de façon aussi infamante ».

Les élections générales de novembre, au Sénat et à la Chambre des Représentants, se rapprochaient et les stratèges démocrates redoutaient une large victoire des Républicains.

« Nous étions totalement paralysés, dira l'un d'entre eux. Le sénateur Trent Lott, le leader de la majorité républicaine, avait même déclaré : " Les Serbes ont pu agir à leur guise et maintenant qu'ils sont en train de se retirer, maintenant seulement, trois semaines avant une élection, nous allons les bombarder. " Bref, c'était l'impasse. Ne pas agir nous exposait aux critiques, intervenir nous exposait aux soupçons. »

A la fin du mois de septembre, les ministres de la Défense de l'Otan se réunirent à Vilamora, au Portugal. Les participants prirent connaissance de plusieurs analyses sur la stratégie serbe. Selon ces documents, l'objectif des Serbes sur le terrain était de mener une offensive durable mais de faible intensité pour ne pas susciter les réactions et l'intervention de l'Otan. Javier Solana, le secrétaire général de l'Otan, rapporta l'aveu en forme de boutade que lui avait fait un diplomate serbe : « Un seul village détruit chaque jour permet de maintenir l'Otan à distance. »

William Cohen fit circuler de nombreux clichés pris par les satellites espions de la NSA (National Security Agency). Tous montraient les destructions de villages et les concentrations de forces du ministère de l'Intérieur serbe, estimées à environ 10 000 hommes, chargés de chasser et parfois même d'exécuter les civils. L'armée régulière, selon les rapports et les photos ne semblait pas encore entrée en action.

Selon un des participants : « L'ambiance était quelque peu curieuse. William Cohen survolait ses dossiers à une hauteur stratosphérique. Il tint un langage de fermeté mais en réalité il marchait sur des œufs. Au Pentagone les militaires ne voulaient absolument pas entendre parler d'une guerre et ils se méfiaient des capacités opérationnelles de l'Otan. »

Le ministre américain déclara à ses collègues : « Si en de telles circonstances, l'Otan ne peut pas représenter une menace pour Milosevic, quelle est alors la raison d'être de l'Alliance ? »

La question resta pudiquement en suspens. Les participants, au terme de la réunion, tombèrent d'accord pour écarter toute éventualité d'un déploiement de troupes. « Personne, ajoute un haut responsable militaire américain, ne l'a même envisagé. Tout le monde a levé les yeux au ciel et le plan terrestre a été mis au fond d'un tiroir. »

Trois phases de frappe aérienne sont alors élaborées, par l'Otan, pour répliquer à de nouvelles atrocités serbes au Kosovo.

La phase 1 prévoit la destruction d'une cinquantaine de cibles militaires en deux ou trois jours.

La phase 2 prévoit d'élargir les bombardements à environ 300 cibles.

La phase 3 comprend entre 800 et 1 000 cibles nouvelles.

« En réalité, confie un responsable militaire européen) nous étions confrontés à deux mystères : les intentions exactes de Milosevic et les véritables capacités opérationnelles de l'Otan. Pour être franc, je crois que nous en savions plus sur notre adversaire que sur notre propre organisation ».

« L'Alliance, estime un expert, qui y a collaboré, ressemble à un prototype automobile, superbement carrossé mais construit il y a 50 ans. Il n'a jamais roulé et chacun se demande si au moment de tourner la clé de contact, le moteur va démarrer. »

Créée en 1949, pour résister à une invasion militaire de l'Europe par Moscou et les troupes du Pacte de Varsovie, l'Otan n'avait jamais eu à intervenir. « Ses militaires sont restés l'arme au pied et ses stratèges, privés de l'ennemi communiste, ont perdu tout repères, estime un expert. L'Otan depuis dix ans était devenue la garnison du désert des Tartares, scrutant sans fin l'horizon dans l'espoir de découvrir un hypothétique ennemi. »

Sir Michael Rose, ancien officier des forces spéciales britanniques, les SAS, et ex-commandant en chef de la Forpronu en Bosnie, ajoute : « Chaque hiver, durant la guerre froide, l'Otan testait sa stratégie et ses mécanismes de prise de décision à travers des exercices complexes de simulations par ordinateur. Ces jeux devaient déterminer les capacités militaires exactes de l'Alliance et du pacte de Varsovie, en intégrant de nombreux algorithmes et la doctrine de combat soviétique. A l'issue de plusieurs journées de combats simulés, l'Otan était invariablement déclarée victorieuse. Le problème avec ce type d'exercices, inlassablement répétés, c'est qu'ils finissent par créer au sein de l'Otan la conviction que l'ennemi agira de la manière qui a été exposée. La défaite de Saddam Hussein, dont les forces appliquaient maladroitement la doctrine soviétique, conforta cette croyance. L'Otan n'est psychologiquement pas prête à s'adapter à l'inattendu. Répéter que des bombardements aériens permettront d'atteindre les buts recherchés et d'amener Milosevic à la paix, c'est refléter le

vœu des planificateurs militaires. Malheureusement Milosevic ne respecte pas ce scénario. Il a identifié le Kosovo, et non la
campagne de frappes aériennes, comme le
véritable centre de gravité de la guerre. »

CHAPITRE VI

Le 9 octobre, Richard Holbrooke fut envoyé à Belgrade pour transmettre à Milosevic l'ultimatum de l'Otan et tenter de trouver un accord. Le 13 octobre, pour renforcer la position du négociateur américain, le secrétaire général de l'Alliance Javier Solana donne « l'ordre d'activation des plans militaires ».

Holbrooke va passer neuf jours en tête à tête avec le leader serbe. Il confiera en privé, exténué : « Rien ne me rendrait plus heureux que de n'avoir jamais à revenir à Belgrade. »

Il négocie sur deux fronts : l'acceptation par Milosevic d'un cessez-le-feu au Kosovo et le retrait des forces militaires ainsi que des troupes spéciales de la police qui n'étaient pas stationnées sur le territoire en 1998.

– Sinon, qu'arrivera-t-il ? demande d'une voix calme le président yougoslave.

Le lieutenant général Short de l'Air Force qui accompagne Holbrooke lui répond :

– J'ai dans une main des avions d'observation U2 et dans l'autre des bombardiers B52. C'est à vous, monsieur le président, de décider lesquels j'utiliserai.

— Ainsi donc, réplique Milosevic du même ton égal, c'est vous qui allez nous bombarder.

Au terme de ce marathon, le maître de Belgrade donne l'impression de céder : il promet la fin de la répression au Kosovo, le retour des réfugiés et le retrait de ses troupes, ainsi que la mise en place d'un statut d'autonomie, et donne son accord au survol du Kosovo par des avions espions de l'Otan. Mais il exige et obtient que toutes ces opérations délicates soient contrôlées par 1 800 observateurs désarmés de l'OSCE (l'Organisation pour la sécurité et la coopération en Europe). Il arrache également à Holbrooke un engagement de poids : la confirmation de la souveraineté serbe sur le Kosovo.

Le véritable objectif de Milosevic transparaît dans la dernière demande formulée à Holbrooke : l'annulation de la mesure prise par l'Otan qui autorise le déclenchement immédiat des bombardements aériens.

Holbrooke refuse de s'engager, s'envole pour Bruxelles où il atterrit à 2 heures du matin. Arrivé au quartier général de l'Otan, il annonce : « Nous sommes pratiquement arrivés à un accord. »

Les responsables de l'Alliance décident de « suspendre » le déclenchement des frappes mais refusent de les annuler.

Le jour suivant, l'émissaire américain, de retour à Belgrade, affronte un Milosevic furieux : « J'ai fait de nombreuses concessions et l'Otan n'a rien lâché, dit-il, c'est une véritable déclaration de guerre. »

Pourtant, à Washington et dans les capitales européennes, c'est le soulagement. Londres, Bonn et Paris prennent la décision d'envoyer en Macédoine une force militaire, chargée en cas de crise d'« extraire » du Kosovo les observateurs de l'OSCE. Les Etats-Unis refusent d'y participer.

Clinton voit approcher avec angoisse les élections de novembre et redoute les réactions des républicains à l'annonce de l'envoi de forces terrestres. Quand Madeleine Albright évoque le sujet, il répond agacé : « Madeleine, j'ai dit pas un seul homme au sol, même pour une force d'extraction. »

Au Pentagone, William Cohen adopte exactement la même ligne. Témoignant à huis clos devant une commission du Congrès, il déclare : « Si je vous demandais l'autorisation d'installer des troupes terrestres, je peux aisément imaginer la nature des questions que vous me poseriez.

1) Où sont nos alliés ?

2) Qui fournira l'argent ?

3) Combien d'hommes, pour combien de temps et quelle sera notre stratégie de sortie ? »

Le 25 octobre, le commandant suprême de l'Otan, Wesley Clark, accompagné de son adjoint, le général allemand Naumann, se rendit à son tour à Belgrade.

L'Otan ne possédait pas son propre service de renseignements, mais les informations qui lui parvenaient, par l'intermédiaire des services secrets alliés, révélaient toutes une situation préoccupante.

Malgré l'accord conclu, les affrontements se poursuivaient au Kosovo et, contrairement aux promesses, les forces serbes n'avaient opéré aucun retrait.

Milosevic reçut les deux hommes, entouré des membres de son état-major, dans un salon du palais présidentiel. Son ton était ferme, parfois même intransigeant, et les officiers qui l'entouraient hochaient la tête, approuvant ses propos. Il s'exprimait avec un mélange de brusquerie et de mauvaise foi. Quand le général Clark lui demanda pourquoi les forces de sécurité répertoriées dans l'accord n'avaient pas encore quitté le Kosovo, Milosevic lui répondit sèchement :

– Ce n'était pas prévu dans l'accord. Appelez Holbrooke, mais appelez-le, il vous dira exactement ce que nous avons décidé.

– Il n'en est pas question, répliqua Clark.

Le général se leva et se dirigea vers une carte qu'il déplia : elle mentionnait l'emplacement exact de toutes les unités serbes, brigades et bataillons de la police et des forces paramilitaires, qui continuaient de stationner au Kosovo en violation de l'accord.

Milosevic regarda longuement la carte puis secoua négativement la tête.

– Nous n'avons plus aucune force supplémentaire stationnée dans la province. Par contre l'Otan doit maintenant respecter ses engagements. D'ailleurs bientôt les terroristes de l'UCK n'existeront plus.

67

Il se tourna vers un des officiers qui prit la parole :

– C'est exact, dans deux semaines au plus l'UCK aura été militairement éliminée.

Il régnait dans la pièce un silence tendu. Les militaires yougoslaves restaient immobiles, comme figés.

Clark et Naumann étaient assis sur un canapé, Milosevic à leur gauche dans un fauteuil, dont il frappait parfois du plat de la main l'accoudoir pour ponctuer ses propos. Le commandant suprême de l'Otan se pencha vers son hôte. Le ton de sa voix était calme, mesuré.

– Monsieur le président, agissez avec réalisme. Je suis sûr que vous ne tenez pas réellement à être bombardé.

Milosevic leva les bras dans un geste fataliste. Le patron de l'Otan et le président serbe se levèrent, se serrèrent froidement la main et Milosevic quitta la pièce accompagné de plusieurs officiers. Dehors, la nuit était tombée.

Le général Momcilo Perisic resta seul avec ses homologues occidentaux. C'était un homme au visage mince. Les trois hommes échangèrent pendant quelques minutes des propos anodins, puis Perisic leur dit :

– Voulez-vous me suivre ?

Ils passèrent à proximité d'un tableau de Rembrandt, accroché dans un des salons et décrit par les planificateurs de l'Otan chargés de choisir les cibles « comme la seule pièce de valeur contenue dans le palais présidentiel, même si son authenticité n'a pas été totalement démontrée », puis le chef d'état-major serbe ouvrit la porte d'un bureau, la referma soigneusement et invita Clark et Naumann à s'asseoir. Il se dirigea vers le poste de télévision installé dans la pièce, le brancha et monta le son.

Il se rapprocha ensuite des responsables de l'Otan et leur déclara à voix basse, pour échapper aux micros placés dans la pièce : « L'armée yougoslave reste la dernière institution démocratique dans ce pays. Ce serait un désastre si ses forces étaient totalement détruites dans un affrontement avec l'Otan. J'ai mis en garde le président Milosevic : il ne peut pas déclarer la guerre au monde entier. »

Selon le général Naumann, Perisic « donnait l'impression de chercher à tout prix à sauver son armée, pour des raisons purement patriotiques ». Il paraissait profondément inquiet.

De nombreux responsables, et Naumann partage leur point de vue, estiment que ce soir-là Perisic avait voulu, de manière voilée, alerter ses interlocuteurs sur les préparatifs militaires en cours visant le Kosovo.

Pour tous les responsables occidentaux, le mystère sur les intentions exactes de Milosevic s'épaississait. Une analyse secrète de la CIA rédigée début novembre 1998, destinée au président et à ses principaux collaborateurs, estimait : « Milosevic peut être sensible aux pressions extérieures. Il pourrait accepter un certain nombre de solutions allant de l'autonomie à un statut provisoire (...). Son objectif final est de rester à Belgrade le dirigeant indiscuté. » Selon cette analyse « Milosevic acceptera un nouveau statut pour le Kosovo uniquement s'il pense qu'il est en danger parce que l'Ouest menace d'utiliser contre ses forces un potentiel militaire d'une ampleur décisive ».

Clinton avait parcouru la note sans faire le moindre commentaire. « Il passait, selon un témoin, d'un événement à un autre, réagissant dans l'urgence comme un candidat en campagne beaucoup plus que comme un président en exercice. En octobre il s'était focalisé sur les négociations de Wye Plantation pour tenter d'arracher un accord israélo-palestinien, puis ensuite sur les élections de novembre. Il n'intervenait au fond que lorsque le dossier devenait brûlant et incontournable. Or, ce n'était pas encore le cas pour le Kosovo. D'ailleurs après la signature des accords de Dayton sur la Bosnie, en 1995, il avait probablement même oublié jusqu'à l'existence de ce problème énorme et la bombe à retardement qu'il représentait. »

Sur le terrain la tension montait. Les photos prises par satellites ou obtenues par les avions espions révélaient des infiltrations de forces nouvelles, en provenance de Serbie, et l'acheminement de matériel militaire supplémentaire.

Toutes les informations parvenues à la CIA et à la DIA, le service de renseignements amé-

Thesis

ricain, confirmaient que l'UCK avait décidé de provoquer les forces serbes pour les inciter à commettre de nouvelles atrocités. Selon les responsables de l'UCK, de tels actes contraindraient l'Otan à s'engager aux côtés de l'organisation séparatiste, ce qui faciliterait l'instauration de l'indépendance du Kosovo.

Au milieu du mois de novembre, les services secrets autrichiens furent en possession d'une information capitale : les autorités de Belgrade préparaient depuis plusieurs semaines une importante intervention militaire au Kosovo. Des dizaines de milliers d'hommes allaient être acheminés dans la province. Les Autrichiens qui possédaient plusieurs informateurs au sein de l'état-major yougoslave étaient même en possession du nom de code de l'opération, « Potovka », ce qui signifie « fer à cheval », et des objectifs qui lui étaient assignés : « chasser des centaines de milliers d'Albanais du Kosovo ».

Le renseignement parvint sur le bureau du général Wesley Clark, à Mons en Belgique et sur celui de George Tenet au quartier général de la CIA, et fut répercuté à tous les responsables politiques de l'Alliance. Personne ne réagit. « En réalité, selon le conseiller d'un ministre de la Défense européen, personne n'y a cru, ou plutôt personne n'a voulu admettre que Milosevic avait choisi de se livrer à une telle extrémité. A l'Otan, Clark nous avait prévenu que les Serbes préparaient une grande offensive pour le début du printemps. Cela,

71

nous étions prêts à l'admettre, mais nous pensions encore réussir à le stopper par la voie diplomatique. »

Milosevic avait limogé au début du mois de novembre le chef de l'armée de l'air, le général Velickovic et le responsable de la sécurité intérieure, Javica Stanisic. A la fin du même mois, à la surprise générale, il destitua le chef d'état-major, le fameux général Perisic qui avait exposé ses inquiétudes, un mois plus tôt à Wesley Clark.

Le leader serbe, qui avait toujours entretenu des rapports difficiles et empreints de méfiance avec son armée, écartait visiblement les officiers supérieurs en qui il n'avait pas une confiance absolue, pour s'entourer d'éléments totalement dévoués, susceptibles d'obéir sur-le-champ. Le nouveau chef d'état-major Dragoljub Ojdanic lui était acquis, tout comme le chef des forces armées au Kosovo, Nebojsa Pavkovic.

Ces changements révélaient une autre évolution inquiétante. Le nouveau chef d'état-major appartenait au parti politique créé par la femme de Milosevic, et le personnage promu à la tête des services secrets, Rade Markovic, était un ami personnel de l'épouse de l'homme fort de Belgrade. Solitaire et paranoïaque, ce dernier s'appuyait de plus en plus sur elle.

William Walker, le diplomate américain chargé de diriger la mission des 1 800 observateurs de l'organisation de sécurité et de coopération en Europe, arriva à Pristina le 11 novembre. En réalité les observateurs qui devaient se déployer sur le terrain se résumaient pour l'instant à 300 personnes. La France, la Grande-Bretagne et les États-Unis fournissaient l'essentiel du contingent chargé de vérifier le respect du cessez-le-feu et des accords conclus en octobre.

De l'autre côté de la frontière, en Macédoine, les troupes françaises et britanniques, constituant la force « d'extraction », commençaient à se déployer. Cette intervention provoqua une véritable fureur chez Milosevic qui déclara à un émissaire européen venu le rencontrer : « Ces contingents, j'en suis certain, représentent l'avant-garde d'une armée d'invasion. »

Ces propos reflétaient un cynisme incroyable quand on sait l'ampleur des préparatifs militaires auxquels se livraient les autorités de Belgrade. Milosevic qui s'appuyait jusqu'alors, pour les opérations de répression et de maintien de l'ordre au Kosovo, presque uniquement sur les troupes du ministère de l'Intérieur et les organisations paramilitaires, procédait à une fusion rapide entre la troisième armée régulière, basée au Kosovo, et les unités de la police présentes sur le terrain.

CHAPITRE VII

Le 15 janvier 1999, la glace et la neige paralysaient Washington. En début d'après-midi, Madeleine Albright, William Cohen, Sandy Berger, George Tenet et le général Shelton, chef d'état-major, se réunirent dans la « situation room », une salle de conférence située dans les sous-sols de la Maison-Blanche et prévue pour les réunions de crise.

C'était presque une réunion de routine, pour un sujet de routine, le Kosovo, selon un témoin de la réunion. Chacun était d'accord pour admettre que Milosevic n'avait tenu aucun des engagements pris en octobre : non seulement ses troupes ne s'étaient pas retirées mais elles se renforçaient et la répression contre les Albanais s'accentuait. Mais chacun campait sur ses positions. Madeleine Albright estimait qu'il fallait évoquer clairement la menace de la force pour forcer les Serbes à accepter un accord sur un statut d'autonomie élargie pour le Kosovo. Personne n'était prêt à prendre ce risque. Cohen rejetait toute idée d'ultimatum. Berger expliquait que l'on « pouvait encore maintenir le couvercle sur le chaudron du Kosovo » et le général Shelton écartait toute idée d'intervention militaire. A la fin, la majorité des participants était arrivée à la conclusion qu'il était urgent d'attendre.

Un document secret de treize pages intitulé « Stratégie au Kosovo » fut élaboré, à l'issue de la réunion. Il portait le nom de code « Statu quo plus »...

Le président était absent comme souvent durant cette période. Il travaillait avec ses avocats qui allaient présenter sa défense devant le Sénat. Désabusée, Madeleine Albright confia en regagnant son bureau au septième étage du Département d'Etat : « Nous ressemblons à des hamsters qui tournent autour de la roue. »

Le lendemain 16 janvier, peu avant 6 heures, le numéro deux du Conseil national de sécurité, Jim Steinberg, fut réveillé par un appel de William Walker, le diplomate chargé de veiller au respect du cessez-le-feu. La communication était mauvaise mais Walker paraissait bouleversé et furieux. Il revenait de Racak, une localité du sud du Kosovo où il avait découvert les corps mutilés de 45 Albanais, pour la plupart des hommes âgés, portant des vêtements de travail, une balle logée dans l'œil ou dans le crâne. Parmi les civils se trouvait un enfant.

Madeleine Albright, réveillée comme chaque matin à 4 h 30, apprit la nouvelle en écoutant la radio. Elle décrocha immédiatement son téléphone pour appeler Sandy Berger. Le conseiller du président, à moitié endormi, déclara au secrétaire d'Etat : « Je ne comprends pas. La CIA nous avait annoncé que l'offensive serbe ne commencerait probablement pas avant le printemps. »

« Eh bien comme vous le voyez, répliqua Albright, cette année le printemps commence tôt au Kosovo. »

Walker qualifia le massacre de « crime contre l'humanité » et l'information fit le tour de la planète. Albright savait que l'émotion provoquée par cette tragédie, si forte et si vive soit-elle, s'estomperait rapidement et qu'il lui fallait convaincre sans tarder le président et les autres membres du cabinet.

Belgrade confronté à la réprobation internationale prétendait être totalement innocent et déclara l'ambassadeur Walker « persona non grata ».

Il fallut quelques jours pour reconstituer tous les éléments du puzzle et le scénario survenu à Racak. L'armée avait encerclé le périmètre du village ; ensuite des unités anti-terroristes de la police, appuyées par des paramilitaires, avaient regroupé les habitants, avant d'exécuter 45 d'entre eux.

Les membres du cabinet se retrouvèrent à la Maison-Blanche le 19 janvier. Bill Clinton était une nouvelle fois absent. Il mettait la dernière main au discours annuel sur l'état de l'Union, qu'il devait prononcer le soir même devant le Congrès. Madeleine Albright exposa le plan qu'elle avait préparé à l'encontre du pouvoir serbe : nouvel ultimatum de l'Otan et menace de frappes. Il était également demandé à Milosevic d'accepter le déploiement des troupes de l'Otan sur son territoire pour vérifier la mise en application de l'accord qui prévoyait le retrait de presque toutes ses forces de sécurité et l'octroi d'une large autonomie au Kosovo.

Après avoir entendu l'exposé, Sandy Berger réagit en disant : « Franchement je doute que la proposition de déployer des hommes sur le terrain puisse marcher. »

Cohen et Shelton approuvèrent. Le chef d'état-major, un ancien responsable des bérets verts, ajouta : Nous devons étudier attentivement les incidences internes que pourrait avoir la présence au Kosovo de soldats américains. »

Selon un participant, « personne n'en voulait et chacun savait que le président serait le premier à refuser une telle option. Mais ce jour-là, en raison des événements survenus à Racak, Albright enfonçait une porte ouverte. Il fut décidé d'approuver ses propositions et de les transmettre au président ».

Albright s'envola peu après pour Moscou. Les Russes même affaiblis conservaient, selon les diplomates américains, « un pouvoir de nuisance sur un tel dossier. En théorie, ils étaient proches des Serbes, slaves comme eux et, en théorie toujours, ils pouvaient opposer leur veto au Conseil de sécurité, au cas où il

77

aurait fallu obtenir un accord de l'Onu. Ce que nous voulions à tout prix éviter ».

Le secrétaire d'Etat américain voulait rallier les dirigeants russes aux choix arrêtés par l'Alliance. Le soir de son arrivée, elle fut invitée par son homologue, Igor Ivanov, à une soirée au Bolchoï. Installée dans la loge présidentielle, tapissée de velours rouge, elle assista à la *Traviata*, tout en savourant durant l'entracte du champagne et du caviar.

– Pensez-vous, demanda-t-elle à Ivanov, qu'un ultimatum adressé à Milosevic puisse le pousser à conclure un accord ?

Le chef de la diplomatie russe parut surpris de cette question et lui répondit qu'il en doutait.

Lorsque Bill Clinton se plongea « enfin », dirent certains de ses proches, dans ce dossier, il le fit avec une conviction qui tenait pour une large part au raisonnement que lui avait exposé Madeleine Albright dans le bureau ovale, quelques jours auparavant : « La politique nationaliste de Milosevic repose essentiellement sur l'enjeu du Kosovo. Il faut donc que l'Occident plonge jusqu'à ces racines pour l'empêcher de jouer cette carte qui lui permettrait de créer le chaos. »

« Depuis des semaines, dira un collaborateur du Département d'Etat, pour imposer aux Européens et au président, l'idée des bombardements, elle avait " diabolisé " Milosevic, affirmant qu'il ne comprenait que le langage de la force. C'était probablement

exact, mais ce n'est jamais une méthode efficace, du moins en diplomatie, de personnali-
ser ainsi les choses à l'extrême. »

Madeleine Albright se voyait comme un pur
produit de « Munich » et de la double capitulation de Chamberlain et Daladier. « Je viens,
confiait-elle, d'une région où de grandes
erreurs ont été commises parce que des gens
estimables ont attendu trop longtemps avant
de décider d'agir comme il convenait. Je crois
dans le pouvoir de l'Amérique. C'est ma philo-
sophie politique et mes vues en politique
étrangère qui ont toujours fait de moi une
activiste. Je suis actuellement très fière de
mes positions sur le Kosovo. »

Le président américain avait aussi été
frappé par les confidences de William Walker.
Ce diplomate de carrière, directeur de la mission de vérification de l'OSCE, avait déclaré :

– J'ai été en poste dans d'autres zones de
guerre et j'ai vu pas mal d'horreurs, mais ce
qui s'est passé ici dépasse tout ce que j'ai
connu.

Bill Clinton savait qu'il ne pouvait plus
reculer mais comme le déclarait un de ses
proches : « il avait un problème avec l'armée
et un problème avec la guerre ».

Il avait fui la conscription, durant le conflit
du Vietnam, et confié à des proches qu'il avait
« floué » l'Establishment militaire. Les responsables de l'armée, reçus en 1992 par le
nouveau président, avaient remarqué son
incapacité à exécuter correctement le salut

militaire. Des cours d'entraînement accélérés lui avaient été donnés pour remédier à ce handicap.

L'échec du débarquement américain en Somalie, la mort de plusieurs soldats l'avaient rendu extrêmement réticent à envoyer des troupes sur un théâtre d'opération.

L'affaire Lewinski compliquait encore probablement ses relations avec l'armée. C'était chez lui un mélange d'appréhension et de lucidité. L'univers militaire se voulait empreint de rigueur morale et le commandant en chef des armées, ancien insoumis et actuel adultérin, avait-il le crédit nécessaire pour envoyer de jeunes Américains se faire tuer à l'autre bout de la planète ?

« Le Pentagone, pour lui, représentait un monde totalement étranger, selon un collaborateur du ministère de la Défense. C'est la raison pour laquelle il avait nommé à la tête de ce ministère un républicain, William Cohen, capable de discuter avec la hiérarchie du Pentagone mais aussi avec les membres des commissions des forces armées au Congrès. »

Le choix de son chef d'état-major, Henri Shelton, découlait des mêmes réalités. Le candidat initialement choisi par Clinton, le général d'aviation Ralston, avait dû être écarté en raison d'une ancienne histoire d'adultère. Shelton, géant placide d'un mètre quatre-vingt-quinze, était lui un époux et un père modèle. Deux de ses trois fils avaient d'ailleurs choisi eux aussi la carrière militaire.

A cette époque, Bill Clinton s'était confié, préoccupé, à son pasteur, le révérend Philip

Wogaman : « Je n'aime pas l'usage de la force militaire et je ferais tout ce que je peux pour éviter d'avoir à l'employer. Je veux être considéré comme un conciliateur et un pacificateur et non comme celui qui aura provoqué la perte de vies humaines. »

CHAPITRE VIII

« La menace d'Impeachment, selon un de ses proches, pesait alors sur sa tête et il redoutait une condamnation qui lui attribuerait une place infamante dans l'Histoire. Puis il découvrait soudain qu'un conflit éloigné exigeait de sa part des choix qui auraient au moins autant de conséquences sur l'image qu'il laisserait à la postérité. C'était la crise de politique étrangère la plus grave qu'il ait dû affronter depuis son entrée en fonctions. »

En lisant les rapports faisant état de massacres contre la population albanaise et en voyant à la télévision les images des réfugiés fuyant le Kosovo, il avait déclaré : « C'est intolérable. Ceci me rappelle le traitement réservé aux Juifs durant la guerre. Rester sans agir serait impardonnable. »

Mais les Balkans, dont il connaissait mal l'histoire et les réalités, lui apparaissaient comme « un véritable cauchemar », un « bourbier où l'on pouvait s'enliser aussi profondément et durablement qu'au Vietnam ».

Par contre, Clinton, et c'était là un de ses atouts, fait observer un officiel du Département d'Etat, partageait la même psychologie que les principaux dirigeants européens. Tous étaient des enfants du mouvement des années 70, « faites l'amour, pas la guerre ».

Parmi tous ces responsables, Tony Blair était probablement celui dont il se sentait le plus proche. Le 21 janvier il téléphona longuement du bureau ovale au Premier ministre britannique. Blair lui dit :

« Nous avons deux solutions : déclencher immédiatement des bombardements, en représailles contre le massacre de Racak ou tenter de trouver une solution diplomatique qui pourrait prévoir le déploiement de forces de maintien de la paix. » Le président américain paraissait hésitant. Blair ajouta : « ces troupes ne seraient pas destinées à combattre, mais s'intégreraient dans un plan de règlement global.

— Je suis tout à fait d'accord, répondit Clinton. Si nous engagions une action militaire sans avoir mis au point un plan de réglement politique, nous serions face à un sérieux problème. A un moment ou un autre l'autre camp aura envie de se lancer dans des provocations et nos hommes seront aussi exposés que des canards au repos. » La conversation porta ensuite sur l'UCK, ses objectifs et ses ambiguïtés. « Je suis convaincu, dit-il préoccupé, qu'ils violent autant le cessez-le-feu que Milosevic et qu'ils se livrent eux-mêmes à des violences. Il faut leur dire : "Si vous voulez que nous fassions plus il faut aussi que vous y mettiez du vôtre. ”

— L'autre problème, rétorqua Blair, serait que nous corrigions Milosevic et que nous constations ensuite que l'UCK se retourne contre une partie de la population qui ne voudrait pas d'eux. »

A aucun moment les deux dirigeants n'évoquèrent en détail d'éventuelles frappes aériennes ni l'échec possible des bombardements. « A cette époque confiera un collaborateur de Tony Blair, tout était encore largement théorique. La guerre avec la Serbie était une des hypothèses envisagées, retenues, mais nullement inéluctable. »

Wesley Clark et Klaus Naumann se retrouvèrent à nouveau en tête à tête avec Milosevic. Le dirigeant serbe avait fait préparer un repas pour ses hôtes. Ceux-ci refusèrent sèchement toute nourriture et la moindre boisson.

Clark évoqua les violations répétées de l'accord d'octobre, commises par les Serbes et le massacre de Racak. Il ouvrit un album posé devant lui qui contenait les photos des corps mutilés, dont celle d'un enfant.

Rouge de colère, Milosevic détourna les yeux et rétorqua :

— Ce n'est pas un massacre. C'est un montage. Ces gens sont des terroristes, puis il ajouta : Ils ont été tués au cours d'accrochages avec les forces de sécurité. Ensuite les rebelles ont changé leurs vêtements, pour faire croire qu'il s'agissait de paysans ou de fermiers, puis ils leur ont coupé le nez et tiré une balle dans la tête pour faire croire à une exécution. Voilà la vérité.

Les deux militaires l'écoutaient indignés. Le général Clark déclara :

– L'Otan est prête à frapper.

Milosevic ne paraissait pas l'entendre. L'Américain ajouta d'une voix glaciale :

– Je vous préviens, si la Serbie n'applique pas enfin cet accord, les responsables politiques de l'Otan sont prêts à me donner l'ordre de faire décoller nos avions.

Le leader serbe le toisa, furieux :

– Vous osez menacer la Serbie. Vous êtes un véritable criminel de guerre.

Clark confiera plus tard : « Nous pensions l'avoir poussé à bout et étions convaincus qu'il ne lui restait plus d'échappatoire. Mais en fait cette rencontre ne l'a pas du tout fait dévier de ses objectifs. »

La crise du Kosovo recelait un autre mystère : pourquoi Milosevic est-il resté jusqu'au bout une énigme pour les dirigeants occidentaux, malgré la masse énorme de renseignements confidentiels recueillis sur lui depuis plusieurs années ?

Au début des années 90 la CIA, le MI6 et la DGSE avaient « infiltré » l'entourage du président serbe. La synthèse des renseignements obtenus le décrivait comme « imprévisible et instable ». Un de ses conseillers politiques avait même été conduit secrètement au siège de la CIA à Langley, en Virginie, pour évoquer le scénario d'un possible renversement. Le complot devait bénéficier de l'appui d'une partie de l'armée. Le projet avait été abandonné, quelques mois plus tard, les personnages au cœur du prétendu complot avaient été écartés de leurs fonctions. Les responsables de la CIA n'avaient jamais su si ces hommes avaient été démasqués ou s'ils avaient volontairement servi d'appât pour que Belgrade sache quelles étaient les informations exactes en possession de la CIA.

Durant les négociations de 1995, sur la base aérienne de Dayton, consacrées au règlement du conflit en Bosnie, la CIA avait placé des micros dans les appartements de Milosevic et des autres membres de la délégation serbe. La NSA (National Security Agency), surnommée « Big Brother » par les experts, installée à Fort Meade dans le Maryland avait porté une attention particulière à Milosevic et à son entourage.

Pour l'ancien éditorialiste du *New York Times*, Harrison Salisbury, « la NSA est la création la plus délirante de l'espionnage moderne. Si je demande à mes voisins quelle est la plus grande agence de renseignements du pays, ils citeront le FBI ou la CIA. La NSA est beaucoup plus grande, plus puissante, et pas un Américain sur dix ne connaît son nom.

« Elle possède un budget quasi illimité, des dizaines de centres d'écoutes à travers le monde et peut espionner en permanence les satellites de communications et le détail des conversations, aussi bien dans les pays amis que dans ceux considérés comme hostiles. Des ordinateurs géants sont programmés pour détecter les phrases, les mots clés et plusieurs millions de conversations sont ainsi écoutées et enregistrées quotidiennement par la NSA. »

L'agence, installée au milieu d'un parc immense, et située à environ 40 minutes par autoroute de Washington, reçoit en une seule journée l'équivalent des millions de livres répertoriés à la bibliothèque du Congrès.

En Irak, la NSA avait été utilisée pour tenter de découvrir les emplacements où Saddam Hussein avait caché des armes chimiques et biologiques. Elle avait utilisé 8 satellites espions Lacrosse, HK-11 et HK-12, fournissant des images d'une précision au sol de 10 centimètres.

La station de la NSA installée dans l'émirat de Barhein tentait d'intercepter les conversations des dirigeants irakiens, y compris sur leurs portables. A Fort Meade, trente ordinateurs traitaient, recoupaient et analysaient les informations recueillies.

Slobodan Milosevic avait-il été soumis au même traitement ? Selon un collaborateur du Conseil national de sécurité, la réponse est oui.

« Nous possédions sur lui un dossier encore beaucoup plus fourni que pour Saddam Hussein. Ses conversations, avec sa femme, ses enfants, ses collaborateurs, les membres de son armée et de sa police fournissaient un témoignage éclairant sur sa pratique para-noïaque du pouvoir. Mais en fait seule une petite partie de ce que nous possédions a été réellement traitée, et une partie encore plus infime a été transmise au président. Ceci peut paraître surprenant mais en réalité il existait une explication logique à tout cela : jusqu'au début de l'année 1998 nous ne le considérions pas comme un ennemi ou comme un danger, mais comme l'élément incontournable de tout règlement dans la région. C'est rétrospective-ment aussi absurde que si nous avions décerné la médaille du courage à un pompier pyro-mane. »

La CIA durant cette période rédigea d'ail-leurs plusieurs analyses qui se contredisaient. « Nous avions un peu perdu pied, confiera un des hommes travaillant sur le dossier. Les évé-nements évoluaient trop rapidement. » Un agent en poste à Belgrade avait reçu l'ordre de réactiver un de ses meilleurs contacts. « J'ai essayé par tous les moyens de l'approcher, avouera-t-il. En vain. »

Un rapport rédigé au début du mois de jan-vier 1999 estimait que « Milosevic, confronté à un accord du genre c'est à prendre ou à lais-ser, pourrait décider d'affronter une cam-pagne de bombardements, de la part de l'Otan plutôt que d'abandonner le contrôle du Kosovo. Il peut estimer être en mesure de sup-porter une attaque limitée et tabler sur le fait que les alliés ne mèneront pas une campagne prolongée ».

Quinze jours plus tard, le 30 janvier, un nouveau rapport aboutissait aux conclusions opposées. « Milosevic concédera juste assez pour éviter les bombardements. Il ne se lancera pas dans une guerre qu'il ne peut gagner. »

Un troisième rapport, peu après, estimait : « Milosevic ne croit pas que l'Otan soit prête à le bombarder. »

Les Américains avaient transmis à leurs alliés européens une nouvelle surprenante : une délégation militaire serbe séjournait à Bagdad. Son objectif : recueillir auprès des Irakiens le maximum d'informations sur les moyens de résister aux frappes opérées par les armes « intelligentes », missiles, avions furtifs, bombes à laser, utilisées par les Américains.

A la fin du mois de janvier 1999, la tension monte d'un cran entre Washington et ses alliés européens. Madeleine Albright multiplie les appels téléphoniques à Paris, Bonn, Rome. Elle demande à ses homologues d'appuyer l'idée d'un ultimatum à Belgrade qui suivrait un projet de règlement politique au Kosovo accepté par les dirigeants albanais de la province.

Les Européens préfèrent que l'on épuise d'abord toutes les solutions diplomatiques.

Le 28 janvier, Jacques Chirac et Tony Blair annoncent qu'ils sont disposés « dans le cadre de l'Alliance atlantique à envoyer des troupes au Kosovo. Si un accord politique n'est pas atteint, ajoutent-ils, toutes les options pourront être considérées ».

Albright demande aux Européens d'accepter que le général Wesley Clark soit le seul à décider des frappes aériennes en cas d'échec des négociations. Paris, Bonn, Londres, Rome et Madrid refusent.

Le 6 février un nouveau rapport de la CIA, remis au président, indique que Milosevic « pourrait accepter le déploiement de troupes terrestres de l'Otan, mais seulement si on lui propose une formule qui lui permettrait de sauver la face et démontrer que la Serbie conserve le Kosovo ».

Madeleine Albright demande à Morton Halperin, le directeur de la planification politique au département d'Etat, d'élaborer un certain nombre de « scénarios imprévus et déplaisants ».

Halperin et son équipe rédigeront un texte de cinq pages intitulé « surprises ». Ils passent en revue ou plutôt envisagent « les conséquences provoquées par la décision des Albanais du Kosovo de revenir sur un accord, le choix de Milosevic de lancer une offensive de paix qui servirait à masquer la poursuite d'une répression de basse intensité au Kosovo, ou encore des tensions importantes avec la Russie provoquées par des bombardements massifs sur Belgrade, qui aboutiraient à la décision de Moscou d'apporter une aide militaire aux Serbes ».

Les dirigeants européens et américains tablent sur une « guerre courte où tout le potentiel militaire nécessaire à une victoire rapide devrait être engagé ». A Washington, le département d'Etat appuie avec détermination une solution de force, le Pentagone la rejette aussi nettement. Dans les milieux officiels américains une plaisanterie circule : « Savez-vous quelle est la différence entre le Pentagone et *Jurassic Park* ? Le Pentagone est un parc d'attraction peuplé de dinosaures, *Jurassic Park* est seulement un film. »

CHAPITRE IX

Pentagon

William Cohen occupait un vaste bureau
dont toutes les fenêtres donnaient sur le Poto-
mac. Il travaillait assis derrière un imposant
meuble de bois qui avait servi de bureau au
général Pershing durant la Première Guerre
mondiale.

Le Pentagone ne se résumait pas à cet
immense bâtiment, aux formes déconcer-
tantes, construit dans la banlieue de Washington, composé de 26 kilomètres de
couloirs, et où travaillaient trente mille fonc-
tionnaires.

« Pentagone Inc », comme le surnommaient
les observateurs, était aussi une gigantesque
entreprise, longtemps dotée à elle seule d'un
budget équivalent à celui de la France et qui
employa jusqu'à cinq millions de salariés dont
deux millions de militaires d'active. Dans vingt
Etats américains, et dans vingt-trois pays, les
Etats-Unis assuraient une présence militaire
constante. Le Pentagone traitait avec tous les
géants de l'industrie et de l'aéronautique pour
lesquels il était un client séduisant, prêt à

payer sans rechigner du matériel, des équipements à des coûts souvent exorbitants.

Boeing, General Electric, General Motors, Lockheed, IBM étaient quelques-uns des fournisseurs attitrés, appâtés par l'ampleur d'un budget militaire qui avait pu atteindre les 300 milliards de dollars.

Cette réalité impressionnante masquait une immense faiblesse. L'armée américaine était une « silhouette empâtée, selon un expert, qui se déplaçait avec la rapidité d'un obèse ». Sa chaîne de commandement obéissait à une routine bureaucratique et selon le jugement du *Wall Street Journal*, « le Pentagone était une relique de l'âge industriel ». Ses interventions en Irak, puis en Somalie, en Haïti et en Bosnie « avaient permis de différer les réformes indispensables ». Son organisation reposait sur 10 divisions de combat et de jeunes officiers préconisaient en remplacement la création de 25 groupes de combat mobiles, de 5 000 hommes chacun, pour répondre aux exigences de " l'après-guerre froide ", impliquant l'envoi rapide à l'étranger de corps expéditionnaires pour faire face à des situations d'urgence. En vain. »

Acheminer des tanks de 70 tonnes au Kosovo exigeait plusieurs mois.

« L'Irak, rappelle un responsable du Pentagone, était un théâtre d'opération idéal, presque un terrain de manœuvre où l'on pouvait aisément déployer un demi-million d'hommes, appuyés par un équipement lourd. Il existait une infrastructure, des ports. Rien de tel au Kosovo. Envoyer 40 000 hommes avec leur matériel sur le terrain, impliquait que 20 000 s'installent en Albanie et que les autres prennent position en Macédoine et peut-être même en Hongrie, une procédure lente, où les difficultés, l'absence de ports et de pistes d'atterrissage poseraient des problèmes sans fin. Même dans nos pires simulations, nous n'avions jamais envisagé un tel cauchemar logistique. »

William Cohen partageait totalement les réticences de la hiérarchie militaire. « Il considérait, estime un observateur, qu'il avait été nommé à ce poste pour protéger l'institution et non pour l'exposer aux critiques. Il flattait les militaires et cajolait le Congrès en s'employant soigneusement à maintenir le statu quo. Son raisonnement était à la fois simple et empreint d'un certain cynisme : pourquoi s'engager dans des réformes radicales qui prendraient plusieurs années avant d'aboutir. Le système qui prévalait depuis des décennies avait plutôt bien fonctionné, il n'y avait donc pas de raison d'en changer. »

Peu avant le déclenchement de la guerre de Yougoslavie, en 1991, le ministre luxembourgeois des Affaires étrangères avait déclaré : « C'est l'heure de l'Europe. » Les années écoulées et le cours pris par les événements avaient largement infirmé cette remarque euphorique. Dans le conflit bosniaque l'Europe avait été à la fois présente et impuissante, fournissant des troupes sous mandat de l'Onu, contraintes à l'inaction et soumises à l'humiliation, jusqu'au moment où Jacques Chirac s'était engagé dans la création et l'utilisation de la Force de réaction rapide (FRR). Mais la conclusion politique du conflit bosniaque avait été le fruit d'un ballet diplomatique soigneusement organisé et réglé par l'administration américaine. A Dayton, les Européens présents avaient été ostensiblement marginalisés.

Dans son livre, Richard Holbrooke émettait des réserves sur les chances de succès de futurs Dayton. « C'est un exercice, écrivit-il, de fildeferiste sans filet. Beaucoup de travail doit avoir précédé le plongeon dans le tout ou rien. Le site doit être choisi avec soin. Les objectifs doivent être clairement définis. Une seule nation, le pays hôte, doit contrôler fermement les débats, mais c'est un risque élevé pour le pays hôte dont le prestige est en jeu. Les conditions d'un échec sont graves. Mais quand les conditions sont réunies, un Dayton peut produire des résultats spectaculaires. »

Les Européens étaient fermement décidés à s'engager dans la même voie et à « gérer en direct », selon un officiel, le dossier diplomatique du Kosovo. Le château de Rambouillet fut choisi pour accueillir cette future rencontre et les négociations auraient lieu sous la présidence conjointe des Britanniques et des Français.

Le 30 janvier à l'issue d'une réunion à Bruxelles du Conseil atlantique qui se prolongea pendant huit heures, le secrétaire général de l'Otan, Javier Solana, fut autorisé à mettre en œuvre des sanctions militaires si les parties en conflit au Kosovo ne respectaient pas le calendrier édicté. Il avait également été décidé de raccourcir le délai de consultation entre alliés avant le déclenchement des frappes aériennes contre les objectifs serbes ou, s'il fallait opérer des représailles, sur les forces de l'UCK.

Le Conseil atlantique « accordait également son plein soutien à la stratégie de négociation du groupe de contact », dont les six ministres des Affaires étrangères s'étaient réunis, la veille à Londres, visant à obtenir un accord provisoire qui devra être conclu dans les délais fixés.

Les huit heures de discussion, au siège de l'Otan, avaient été vives, notamment entre Américains et Français. Washington défendait la pleine autonomie de l'Otan dans la gestion de la crise. Paris estimait que l'Organisation atlantique ne devait être définie et considérée que comme un « prestataire de service » appliquant des décisions prises dans d'autres enceintes internationales.

« Le débat, confirme un expert présent à cette réunion, n'était pas sémantique. Pour les Européens s'en remettre totalement à l'Otan c'était clairement se ranger derrière la puissance militaire américaine. Tous les participants le savaient, mais ils étaient encore désireux de sauver la face. »

Le 30 janvier toujours, au moment même où se tenait la réunion de l'Otan, Robin Cook, le ministre anglais des Affaires étrangères, s'envolait pour Belgrade puis Pristina afin de transmettre à Slobodan Milosevic puis aux responsables albanais du Kosovo la « convocation » à se rendre le 6 février à Rambouillet. Pour le ministre britannique des Affaires étrangères « il ne s'agissait pas d'une gentille invitation ». Cook détailla au président serbe le déroulement des futures négociations. Les deux parties, serbe et kosovar, disposeraient de sept jours pour s'entendre sur « un plan de règlement prévoyant une autonomie substantielle » pour la province. La rencontre pourrait éventuellement être prolongée d'une semaine. Milosevic répondit au chef de la diplomatie britannique : « Nous avons toujours défendu un dialogue politique direct avec les représentants des communautés nationales de Kosovo. Notre pays est engagé en permanence dans la voie d'un règlement pacifique.

— Viendrez-vous en personne à Rambouillet ? demanda Cook.

— Mon gouvernement fera connaître en temps voulu sa position, après réunion du Parlement. »

Le 3 février l'Otan affine les différents plans d'une intervention militaire au Kosovo. L'hypothèse la plus probable, en cas d'accord à Rambouillet, serait le déploiement de 36 000 hommes. La contribution américaine se monterait entre 2 000 et 4 000 hommes, les Britanniques en enverraient 8 000 ; les Français 6 000, l'Allemagne 3 000. Le Kosovo serait alors divisé en quatre secteurs dont chacun serait attribué à un contingent multinational.

6/2/99 Le samedi 6 février la conférence de Rambouillet s'ouvrit en fin d'après midi dans la grande salle du château. Avec plusieurs heures de retard. Les représentants des pays du groupe de contact étaient assis dans des fauteuils Louis XVI, les membres des délégations serbes et albanaises sur de simples chaises.

Jacques Chirac prit la parole et rappela que ce lieu fût le théâtre de la réconciliation franco-allemande, mise sur pied par De Gaulle et Adenauer.

Il ajouta à l'intention des protagonistes : « Les principes d'une autonomie substantielle vont vous être présentés. Il vous appartient de les préciser et de leur donner corps pour qu'à l'intérieur des frontières existantes, tous les habitants de la province, quelle que soit leur origine, puissent vivre dans la paix et dans le respect de leur personne et de leur droit. » Il ajoute que personne n'admettra « que persiste un conflit qui bafoue les principes de la dignité humaine. Nous n'accepterons pas que le cycle des violences menace de proche en proche la stabilité de tout le sud de l'Europe ».

Les délégués albanais paraissaient impressionnés et émus, les Serbes, eux, détendus. Le matin même, un avion officiel français devait décoller de Pristina avec à son bord les membres de la délégation albanaise. Il était resté bloqué plusieurs heures en raison de l'absence, selon Belgrade, de passeport en règle pour trois délégués albanais.

Milosevic a refusé de se rendre à Paris et son absence, avec le recul du temps, permettra de mieux éclairer les événements. Les négociateurs serbes sont tous des hommes lui vouant une totale fidélité. Du côté kosovar, Ibrahim Rugova, le modéré, côtoie des hommes aux opinions plus radicales, dont cinq représentants de l'UCK.

L'objectif de la conférence : négocier un accord intérimaire de trois ans établissant une « autonomie substantielle » pour le Kosovo. L'un des artisans du projet d'accord, l'ambassadeur américain en Macédoine, Christopher Hill, avoue : « J'évite d'utiliser les mots " optimiste " et " Balkans " dans la même phrase. »

Les discussions s'engagent le lendemain. Serbes et Kosovars sont installés dans des pièces séparées, les représentants de Belgrade refusant de rencontrer « les représentants de l'organisation terroriste UCK ». Les médiateurs du groupe de contact assurent la navette.

Prévues pour durer une semaine, les négociations de Rambouillet vont se prolonger jusqu'au 23 février. Sans véritable résultat.

Les Serbes exigent notamment, dès le début, la signature par les parties des deux principes édictés dans la convocation de Rambouillet, dont l'un garantit l'intégralité territoriale de la République fédérale de Yougoslavie. Ce préambule exclut également pendant trois ans la possibilité pour le Kosovo d'accéder à l'indépendance. Le 11 février le co-président, Robin Cook, accuse la délégation de Belgrade de freiner les négociations.

En réalité le parallèle établi entre la conférence de Dayton et celle de Rambouillet est totalement erroné. La Bosnie, ne revêtait, ni pour Milosevic ni pour les Serbes, la même importance que le Kosovo. Le chef de la délégation allemande, présent à Dayton, rapporte à ce propos une conversation avec le leader serbe : « J'ai attiré son attention sur la déclaration du Conseil européen et ses demandes précises concernant l'autonomie du Kosovo. C'est le seul point durant ce long entretien qui l'ait fait exploser. "Au Kosovo, a-t-il répondu, il s'agit exclusivement d'un problème intérieur à mon pays." Il rejetait catégoriquement toute tentative d'internationalisation. »

L'analyse d'Henry Kissinger sur l'impasse à laquelle aboutit Rambouillet est pénétrante : « Mener une négociation reposant sur un projet d'accord entièrement rédigé dans des chancelleries étrangères, et tenter de l'imposer par la menace de bombardements aériens, a seulement abouti à exacerber la crise du Kosovo. Le texte de Rambouillet a été vendu à l'UCK, qui au début le rejetait, comme le moyen de faire peser toute la force de l'Otan sur la Serbie, et ceci peut avoir incité Milosevic à accélérer la répression contre l'UCK, avant que les bombes tombent (...)

« Les Serbes ont rejeté l'accord de Rambouillet parce qu'ils y ont vu le prélude à l'indépendance du Kosovo. Ils ont aussi vu la présence des troupes de l'Otan comme une sorte d'occupation étrangère. La Serbie, dans le passé, a résisté aux empires ottomans et autrichiens, à Hitler et à Staline. Même s'ils étaient bombardés jusqu'à la capitulation, on pourrait difficilement s'attendre à ce qu'ils approuvent une telle solution. De même, pour l'UCK, l'objectif était l'indépendance et non l'autonomie. Rambouillet était pour eux le moyen tactique de déclencher la puissance aérienne de l'Otan contre les Serbes haïs. »

Pour les Serbes, toujours prompts à brandir l'idée d'un complot, Rambouillet ressemblait à un « piège » conçu par les Américains, et que les Européens contribuaient à refermer sur eux. Milosevic l'avait confié à plusieurs de ses visiteurs : « Je ne crois pas à l'impartialité de l'Amérique. L'indépendance du Kosovo est leur objectif secret. »

Certains signaux émis par le département d'Etat américain avaient pu le conforter dans cette logique. Comme l'avouait un des collaborateurs de Madeleine Albright : « le prix à payer pour sauver Rambouillet, à nos yeux, était de nous rapprocher de plus en plus étroitement des Albanais du Kosovo ».

Arrivé le 14 février à Paris, pour tenter de débloquer les négociations, le secrétaire d'Etat américain rencontra longuement les deux délégations. Aux Serbes, qui l'écoutaient l'air détaché, elle rappela que son père avait été ambassadeur de Tchécoslovaquie en Yougoslavie et qu'elle avait appris, enfant, de nombreuses chansons serbes, dont elle se souvenait parfaitement. Elle affirma en fin de

101

journée que les Albanais étaient prêts à souscrire à l'accord, rejetant implicitement la responsabilité des difficultés sur les Serbes. « L'administration américaine, écrira *Newsweek*, se glissait dans le lit d'une obscure guérilla armée, envers laquelle, en vérité, elle éprouvait peu de sympathies » et qui était considérée par Washington, un an plus tôt, comme une « organisation terroriste ».

Officiellement, le texte présenté à Rambouillet garantissait le maintien du Kosovo au sein de la fédération yougoslave. En réalité, les contours d'une indépendance se dessinaient au terme des trois années prévues pour définir le statut final de la province. En appuyant clairement l'idée d'une autodétermination à propos du futur statut de la région, les Américains envoyaient un signal clair aux yeux des délégués albanais : l'indépendance sera concédée.

Selon l'expert en stratégie, Edward Luttwak, Rambouillet visait à « l'indépendance de fait derrière la façade d'une autonomie au sein de la république fédérale yougoslave ».

Pour le *Washington Post*, « l'administration Clinton a fait un choix tactique crucial : chercher avant tout un accord avec les Albanais du Kosovo, et ensuite seulement avec Milosevic ».

A Rambouillet, Madeleine Albright avait déployé énormément d'énergie pour convaincre les représentants de l'UCK présents, au sein de la délégation albanaise, allant jusqu'à faire venir devant eux le patron de l'Otan, le général Wesley Clark.

Mais en refusant, au dernier moment, de signer l'accord, les Albanais du Kosovo levaient temporairement la menace qui pesait sur Milosevic. « Si les pourparlers échouent en raison de la responsabilité d'un des deux camps, il n'y aura pas de bombardements de la Serbie », précisa Albright.

Regagnant Washington, elle confia à ses collaborateurs : « C'est la négociation la plus épuisante que j'aie jamais menée. » Au terme de ces journées, « sa pâleur, selon les mots d'un observateur, la faisait ressembler à ces acteurs aux visages fardés de blanc du théâtre Kabuki ».

En fait, d'autres nuages assombrissaient le ciel des Balkans. Deux responsables de la CIA, présents à Rambouillet et intégrés, sous une couverture diplomatique, au sein de la délégation américaine, furent rappelés dès le 13 février à Washington.

La situation évoluait de façon préoccupante sur le terrain militaire. Des forces serbes traversaient massivement la frontière du Kosovo en provenance notamment des villes de Nis et Leskova. Des convois blindés de chars M-84, le plus moderne en possession de l'armée yougoslave, étaient également acheminés et des stocks d'essence étaient entreposés dans des dépôts secrets.

A la veille du déclenchement des frappes aériennes, 27 000 hommes stationnaient au Kosovo et 15 000 se trouvaient à proximité de la frontière, dotés d'environ 150 pièces d'artillerie lourde.

« Je me rappelle, confie un analyste du Pentagone, qu'en découvrant les photos satellites montrant l'ampleur des concentrations, nous nous sommes mes collègues et moi fait la réflexion : ils préparent certainement une vaste offensive contre l'UCK, mais pourquoi alors masser autant de tanks, plus de 300, pour lutter contre une guérilla de 9 000 hommes. Si nous avions su... »

L'opération « fer à cheval » était sur le point d'être lancée et c'était probablement une des raisons pour lesquelles Milosevic, absorbé par ces préparatifs militaires, ne s'était pas rendu à Rambouillet. La conférence lui avait servi d'écran de fumée pour détourner l'attention des Occidentaux et cacher ses objectifs. L'opération visait à déployer les troupes serbes en fer à cheval, en partant du nord du Kosovo, pour expulser la population albanaise du territoire, par le sud, l'est et l'ouest.

A Belgrade les émissaires qui se succèdent auprès du président yougoslave s'entendent opposer la même fin de non-recevoir. « Pas question d'accepter le déploiement de troupes de l'Otan. »

CHAPITRE X

« Nous n'étions qu'en février, mais à Washington, pour le président, c'était déjà un été radieux », rappelle un de ses collaborateurs.

Le 12 février il avait été acquitté par le Sénat, ce qui avait mis un terme définitif à la menace d'Impeachment. Il était rayonnant et optimiste, « même sur l'avenir du Kosovo, dira un de ses proches. Il pensait qu'une guerre pouvait être évitée ».

Quelques jours plus tard il se rendit en voyage officiel au Mexique. Parmi les invités voyageant à bord du Boeing présidentiel Air Force One, se trouvait, rapporte le *New York Times*, le sénateur Joseph Biden.

– J'étais plongé, raconte-t-il, dans un livre intitulé *Histoire des Balkans* écrit par Barbara Jelavitch. Le président l'a remarqué et m'a demandé : « Prêtez-le-moi, j'ai envie de le lire. » Je lui ai répondu, en plaisantant à moitié : « Non procurez-vous un exemplaire. »

Le 5 mars, Bill Clinton reçoit dans le bureau ovale de la Maison-Blanche Massimo d'Alema le président du Conseil italien. Sandy Berger

assiste à la rencontre. Le chef du gouvernement italien est stupéfait d'entendre le chef de
l'exécutif américain affirmer : « Milosevic a
accepté presque toutes les conditions. » Et il
ajoute que, dans le pire des cas, quelques jours
de bombardement suffiront à le faire plier.

Massimo d'Alema évoque l'hypothèse d'un
échec des bombardements et le risque de voir
les réfugiés fuir et affluer en masse dans les
pays frontaliers.

– Qu'arrivera-t-il alors s'il y a 300 000 ou
400 000 personnes déplacées. Que devrons-
nous faire ?

Clinton, embarrassé, se tourna vers Berger
qui paraissait aussi perplexe.

– L'Otan continuera alors à bombarder,
finit par répondre le conseiller, légèrement
agacé.

En privé, le président américain, selon un
de ses conseillers, « concevait le conflit du
Kosovo comme une opération de simple
police, semblable au fond à celle que nous
avions menée à Haïti ». Il confiera : « Après
une brève période d'occupation par les troupes
de l'Otan, Serbes et Albanais, vous verrez, se
réconcilieront. »
Une telle affirmation traduisait une
méconnaissance étonnante de l'histoire des
Balkans, et surtout un optimisme que rien ne
venait conforter.

Au cours d'une réunion, tenue le 1ᵉʳ février
avec les principaux responsables de la politique étrangère américaine, Bill Clinton avait

déclaré : « D'après les rapports de la CIA, j'ai compris que le Kosovo était pour Milosevic beaucoup plus prioritaire que la Bosnie. Il peut être tenté, malheureusement, de vouloir encaisser le premier round des frappes aériennes. J'espère que nous n'aurons pas à bombarder mais ce sera peut-être nécessaire. »

Le 15 mars, les pourparlers entre Serbes et Albanais du Kosovo reprirent à Paris, avenue Kléber. Trois jours plus tard leur acte de décès était dressé. Les Serbes avaient refusé de signer l'accord sur l'autonomie du Kosovo. Les Albanais l'avaient accepté dans l'espoir d'inciter les alliés à déclencher les frappes aériennes.

Bill Clinton était installé dans la *situation room*, une pièce aux murs tapissés de boiseries, en compagnie de Madeleine Albright, William Cohen, Sandy Berger et du général Shelton, quand il reçut l'appel de l'ambassadeur Christopher Hill. Le diplomate annonça que les Albanais avaient signé le document de 80 pages mais que les Serbes refusaient.

– Quelles sont les chances d'un accord ? demanda Clinton.

– Elles sont, monsieur le président, de 0,00 %.

« Il y eut, se rappelle un participant, un silence stupéfait dans la pièce. Milosevic avait mené quatre guerres dans les Balkans au cours des huit dernières années, chacune plus sauvage que la précédente, et nous n'avions réellement aucune option valable pour le stopper. »

George Tenet, le directeur de la CIA, demanda à être reçu en urgence par le président. La rencontre eut lieu le 17 mars. Tenet annonçait que l'armée serbe, les troupes du ministère de l'Intérieur et des unités paramilitaires venaient de s'engager dans une vaste offensive au Kosovo, « une opération longuement planifiée et qui met en œuvre des moyens militaires considérables ». Tenet ajouta que les informations en sa possession indiquaient que « les Serbes avaient pris en compte les erreurs commises par Saddam Hussein durant la guerre du Golfe, et plutôt que d'affronter directement les forces aériennes de l'Otan, ils tenteront de se soustraire au maximum à leur impact ».

Toujours selon la CIA, « les forces de la police spéciale serbe avaient transféré leurs centres d'opération dans les sous-sols de plusieurs hôtels de Belgrade, en prévision des bombardements ».

Peu après, le président appela William Cohen au Pentagone. Il voulait connaître l'efficacité exacte des frappes aériennes. Cohen lui remit deux heures plus tard un mémorandum. Selon les experts militaires l'impact précis de tels bombardements était difficile à évaluer en raison du terrain accidenté en Serbie et au Kosovo, du temps fréquemment couvert, et du système de défense aérienne yougoslave particulièrement performant.

Le 20 mars les 1 375 observateurs internationaux de l'OSCE avaient tous quitté le Kosovo. Leurs véhicules de couleur orange avaient franchi la frontière de la Macédoine. L'échec des pourparlers de paix à Paris sonnait le glas de leur action.

Alors que l'offensive serbe, contre les populations civiles du Kosovo, s'intensifiait, il n'existait plus ni témoins étrangers, ni force d'interposition, si symbolique soit-elle. Ceci constituait un autre paradoxe : l'Occident avait le regard rivé sur le Kosovo et se préparait à entrer en guerre pour protéger une population totalement abandonnée à son sort.

Les observateurs, « exfiltrés » pour éviter qu'ils ne soient retenus en otage par les Serbes, avaient en partant croisé sur la route d'imposantes colonnes de convois militaires. « Les soldats nous saluaient amicalement, se rappelle l'un d'eux, certains même nous envoyaient des baisers. Ils étaient ravis de notre départ. Désormais, ils allaient pouvoir agir sans témoin et finir le travail. »

Plusieurs responsables européens s'étaient montrés réticents à prendre la décision de retirer les observateurs, estimant qu'elle pourrait envoyer « un mauvais signal » à Milosevic et l'inciter à intensifier la répression.

Bill Clinton passait de longs moments au téléphone, le plus souvent avec Tony Blair, mais aussi avec Jacques Chirac et Gerhard Schröder. « Nous approchions, dira un collaborateur, du moment de vérité, mais c'était une véritable course de lenteur entre le président et nos alliés européens. Personne n'était encore prêt à admettre que les bombardements étaient inéluctables. Il y avait le désir de croire que la menace de la force allait tout de même se révéler plus payante que l'usage de cette force. Quel aveuglement ! »

Sandy Berger avait déclaré en réunion : « on ne peut pas passer sans transition de l'échec des pourparlers de paix aux bombardements ».

Cette troisième voie, « l'ultime espoir qu'une collision pourrait être évitée », selon un officiel du département d'Etat, fut la décision d'envoyer à Belgrade Richard Holbrooke qui attendait toujours que le Congrès approuve sa nomination comme ambassadeur aux Nations unies. Madeleine Albrigt avait décliné la suggestion de Bill Clinton de se rendre en personne à Belgrade pour rencontrer Milosevic.

« Elle a refusé, selon un diplomate américain, parce qu'elle savait qu'il existait très peu de chances que cette ultime médiation aboutisse. C'est d'ailleurs pour cette raison qu'elle a proposé Holbrooke, en qui elle a toujours vu un rival. Madeleine Albright est quelqu'un qui a toujours porté une grande attention à son image et elle s'efforce d'éviter avec soin tout ce qui pourrait la détériorer. »

Holbrooke décolla de Washington dans la nuit du 21 mars pour « une mission de la dernière chance », comme la qualifiait le président américain.

110

Le lundi matin, il fit escale à Bruxelles pour une réunion au quartier général de l'Otan. Les Américains avaient élaboré et transmis un plan prévoyant l'augmentation graduelle des bombardements en Serbie. Un signal destiné à renforcer la position d'Holbrooke dans ses pourparlers avec Milosevic. L'émissaire américain s'entretint avec les ministres des Affaires étrangères français, allemands et britanniques.

Accompagné de Greg Shulte, spécialiste des Balkans au Conseil national de sécurité, et d'un officier du Pentagone, le brigadier général George Casey, l'émissaire américain arriva à Belgrade « alors même que les réacteurs des bombardiers commençaient à chauffer », selon la formule imagée d'un expert de l'Otan. Le président yougoslave venait juste de recevoir les trois coprésidents de la conférence de Paris qui s'était achevée sur un échec. Il s'agissait de l'Américain Christopher Hill, ambassadeur en Macédoine, de l'Autrichien Wolfang Petritsch, ambassadeur en Yougoslavie, et du diplomate russe Boris Mayorsky. Le sujet de leur rencontre était volontairement limité au volet politique du projet d'accord sur le Kosovo. Ce furent quatre-vingt-dix minutes d'un dialogue de sourds. Pour Wolfang Petritsch, Milosevic « voulait seulement croire ce qu'il cherchait à croire. Il n'était prêt en aucune façon à s'engager dans un dialogue constructif, à évoquer des alternatives et ce qui pouvait être envisagé. Il ne s'est jamais

111

référé, au cours de la discussion, à une quelconque solution qui aurait pu constituer une réelle avancée ».

Les trois négociateurs crurent également, au début de la rencontre, que le leader yougoslave avait peut-être été mal informé sur la teneur exacte des négociations. Lorsqu'il commença à parler des Albanais du Kosovo, en les qualifiant de « terroristes » et « de séparatistes », Wolfang Petritsch le reprit : « Monsieur le président, depuis qu'ils ont signé l'accord, vous pouvez seulement les qualifier d'autonomistes albanais. »

Evoquant les deux jours de discussions qu'il eut avec Milosevic à Beli Dvor, la Maison-Blanche yougoslave, Richard Holbrooke qualifia le climat « d'irréel ». Au terme de ces négociations un des adjoints de l'émissaire américain confia : « Nous avons laissé le choix à Milosevic entre des troupes de l'Otan ou des bombes de l'Otan. Il a choisi les bombes. »

Milosevic déconcerta ses interlocuteurs par son ton calme, presque détaché. Il évoqua le passé du peuple serbe, sa lutte constante pour préserver son indépendance.

Ramené par ses hôtes aux réalités dramatiques du Kosovo, il les niait avec un entêtement impressionnant : « La soi-disant offensive au Kosovo est une invention des médias occidentaux, désinformés par l'UCK ; l'armée yougoslave ne mène aucune opération et il existe juste des actions de police isolées menées contre des criminels. Nous sommes en train, précisa-t-il, d'extirper ces racines criminelles. » Puis il ajouta d'un ton presque résigné : « de toute façon, vous, les Américains, à Rambouillet, vous vous êtes assis à la table des négociations du côté des Albanais ».

Au terme de quatre heures de discussions infructueuses, Holbrooke proposa à Milosevic une nouvelle rencontre le lendemain. Le mardi 23 au matin, Holbrooke demanda à Milosevic :

– Avez-vous une idée claire et précise de ce qui va se produire lorsque nous nous serons quittés et que j'aurais franchi les murs du palais présidentiel ?

– Oui, répondit Milosevic du même ton neutre. Vous allez nous bombarder.

– C'est exact.

– Vous pouvez le faire. Vous êtes une nation puissante.

Le dirigeant serbe, debout, demanda à l'Américain qui lui faisait face :

– Nous reverrons-nous un jour ?

– Ceci dépendra de vos actions.

Le général Casey, de son côté, avait détaillé, devant le chef d'état-major de l'armée yougoslave, les noms et les emplacements exacts de ses principales unités. « Nous savons exactement où vous frapper, déclara l'Américain et si nous déclenchons les bombardements, vous resterez celui qui a laissé détruire cinquante années d'indépendance militaire yougoslave. »

Selon Holbrooke, « c'est Milosevic qui a choisi délibérément et consciencieusement de déclencher les bombardements contre son propre pays. Si j'avais perçu le moindre signal de compromis, je n'aurais pas gagné l'aéroport. Mais sa position en face de l'escalade de la violence fut la raison essentielle pour laquelle je recommandai au président Clinton et à Madeleine Albright de mettre un terme aux discussions. Nous ne pouvions admettre que ces pourparlers traînent en longueur pendant que ses forces de sécurité détruisaient des villages. Ils seraient simplement devenus un rideau de fumée permettant de retarder l'intervention de l'Otan ».

Quelques heures après le départ de la délégation américaine, Milosevic limogeait le chef de la Sécurité militaire, le général Aleksandar Dimitrijevic et le remplaçait par le général Geza Farkas.

Au moment même où Holbrooke quittait Belgrade, le Premier ministre russe Yevgeny Primakov volait en direction de Washington où il devait effectuer une visite officielle de trois jours. Il allait rencontrer Clinton, Gore, Albright et les responsables du Fonds monétaire international. Ce voyage prévu de longue date allait se transformer en un étonnant quiproquo diplomatique. Plusieurs conseillers du président américain lui avaient suggéré de reporter cette visite. Clinton avait écarté l'hypothèse. A ses yeux, la visite de Primakov était au contraire un atout : elle permettrait de retarder le déclenchement des frappes jusqu'au départ du responsable russe, offrant ainsi un ultime sursis pour une solution diplomatique.

114

« Sur le papier, dira un des collaborateurs de la Maison-Blanche, c'était un scénario habile, ingénieux même. Mais la réalité a fait irruption et l'a balayé. »

Les nouvelles en provenance du Kosovo étaient en effet alarmantes et révélaient une détérioration rapide de la situation sur le terrain.

La 15e brigade mobile, appartenant à la troisième armée yougoslave, et la 211e brigade blindée contrôlaient les routes et les voies ferrées entre Pristina et Podujevo. Les combats les plus violents se déroulaient dans le nord-est de la province. Des villages étaient brûlés, les populations chassées. Parfois les hommes étaient retenus par les forces serbes. Les méthodes utilisées se répétaient de localité en localité : les habitants recevaient l'ordre de quitter immédiatement leur maison, puis on leur prenait leur argent et souvent leurs documents d'identité.

Le vice-président Al Gore fit valoir à Clinton qu'il était impossible désormais de différer les frappes : « La crédibilité de l'Otan est en jeu, lui aurait-il dit. Nous avons déjà adressé quatre ultimatums à Milosevic et chaque fois nous les avons repoussés. Nous ne pouvons pas subordonner les intérêts de l'Alliance à notre désir de ménager la Russie. Si nous agissons ainsi nous accorderons à Milosevic une semaine de plus pour lui permettre de nettoyer le Kosovo. »

115

Clinton se rangea à ses arguments et aurait ajouté : « Mais c'est toi qui te charges de prévenir ton client. »

Al Gore téléphona à Primakov, le 23 mars, à 9 h 30 du matin. Il était 14 h 30 sur l'aéroport irlandais de Shannon où l'Iliouchine, transportant le chef du gouvernement russe et les membres de sa délégation, stationné en bout de piste, était ravitaillé en carburant.

Primakov écouta Gore lui expliquer qu'il n'y avait pratiquement plus aucune chance d'obtenir de Milosevic une solution négociée, puis aurait répondu : « Nous allons redécoller dans quelques minutes. Nous en reparlerons dès mon arrivée à Washington. Merci de votre appel. »

L'appareil russe quitta Shannon à 9 h 50. Primakov jouait là une carte personnelle importante. Ces trois journées de rencontre avec les dirigeants américains, ses négociations avec le FMI pour débloquer de nouveaux crédits, pouvaient servir à renforcer sa stature et son prestige dans l'opinion russe. « Faux modeste et vrai discret », selon la définition de l'un de ses proches collaborateurs, Primakov se posait insensiblement en rival de Boris Eltsine.

Tandis que l'Iliouchine survolait l'Atlantique, les événements se précipitaient à la Maison-Blanche. Sandy Berger rejoignit Bill Clinton, seul dans le bureau ovale, pour lui annoncer l'échec de Holbrooke. Et il ajouta d'une voix tendue : « Nous sommes prêts, à

moins que vous n'en décidiez autrement. »
Clinton, le visage grave, répondit : « Non,
allez-y. »

Berger sortit du bureau et gagna celui du
général Shelton, pour lui annoncer la décision
présidentielle de déclencher les bombardements sur la Serbie. Le chef d'état-major de
l'armée américaine assurait la liaison avec le
quartier général de l'Otan, à Bruxelles. Cinq
minutes plus tard le général Wesley Clark,
commandant suprême de l'Alliance atlantique,
recevait le feu vert. Créée cinquante ans plus
tôt, pour contrer une menace d'invasion soviétique, l'Otan intervenait pour la première fois
de son existence dans un conflit.

A 13 heures, heure de Washington, le vice-
président Al Gore téléphona à nouveau au Premier ministre russe dont l'avion approchait
des côtes américaines.

– Yevgeny, mon ami, lui dit-il, ce que nous
redoutions s'est produit. La rencontre de Belgrade est un échec. Nous pensons qu'il est
désormais indispensable de passer à l'étape
suivante.

Primakov était irrité et embarrassé. Il
répondit au vice-président américain : « Vous
savez que nous sommes catégoriquement
opposés à cette solution. Je ne pense pas que
ces frappes puissent assurer la stabilité au
Kosovo. Bien au contraire. »

« Il découvrait soudain, selon un collaborateur de Gore, l'ampleur de l'impasse. Il s'était
préparé soigneusement à ce voyage et il réali-
sait qu'il allait se retrouver dans une situation

117

inacceptable. Depuis des mois, publiquement, il s'opposait à l'usage de la force contre la Serbie. Nous avons agi avec beaucoup de courtoisie, en lui exposant clairement la situation, mais en ne suggérant en aucun cas qu'il n'était plus le bienvenu. »

Primakov réagit immédiatement. Après avoir raccroché, il donna l'ordre à ses pilotes de faire demi-tour et regagna Moscou. Il chercha en vain à joindre Boris Eltsine. Bill Clinton l'avait déjà informé.

Wesley Clark, 54 ans, originaire de l'Arkansas, comme Bill Clinton, également diplômé de la Rhodes School d'Oxford, comme le futur président américain, n'avait en apparence que peu de points communs avec l'hôte de la Maison-Blanche. Blessé en 1970 à quatre reprises au Vietnam, il avait déclaré plus tard, évoquant les manifestations hostiles à cette guerre : « J'ai beaucoup appris quant aux effets de l'opinion publique sur la stratégie. »

Intelligent, froid, « glacial même », selon certains, l'homme a le « goût et le talent pour théoriser, d'après un de ses anciens collaborateurs. Il est tellement séduit par ses propres idées qu'il est déconcerté ou choqué quand les autres ne les partagent pas ».

D'après plusieurs de ses pairs, ce général à quatre étoiles n'était pas un « personnage populaire » au sein de l'armée américaine. Il était réputé pour savoir frapper aux bonnes portes, entretenir des relations fructueuses avec des personnages influents et s'adapter avec brio aux exigences politiques.

Nommé en juillet 1997 par Bill Clinton commandant suprême de l'Alliance atlantique, Clark ne possédait alors aucune expérience d'un commandement sur le théâtre d'opération européen. De son quartier général, installé à Mons en Belgique, il avait la haute main sur les forces de l'Otan et les 100 000 militaires américains stationnés en Europe.

Ses nombreuses rencontres avec Slobodan Milosevic l'avaient transformé en un adversaire irréductible du leader serbe. Il confiait : « la force est le seul langage que cet homme comprend ».

Depuis plusieurs semaines, il se préparait avec soin à l'affrontement. En privé, il se montrait exaspéré par les hésitations et atermoiements des responsables américains et européens, mais l'homme était beaucoup trop avisé et prudent pour étaler publiquement ses frustrations et états d'âme.

Il travaillait sous le contrôle étroit des 19 membres de l'Alliance, et cette chaîne de décision, lourde, complexe, exigeait un sens développé et constant du compromis.

CHAPITRE XI

L'offensive militaire de l'Otan contre la You-goslavie ne s'engageait pas dans les meilleures conditions.

1) Pour bombarder les objectifs fixes, les forces de l'Otan disposaient d'environ 400 avions, dont plus de la moitié était fournie par les Etats-Unis. La plupart des appareils étaient stationnés en Angleterre et en Italie, ainsi que sur des porte-avions. Durant la guerre du Golfe, 2 700 appareils avaient été envoyés pour attaquer l'Irak.

2) Le refus, réaffirmé par tous les dirigeants de l'Alliance, de déployer des troupes au sol, laissait le champ libre aux forces serbes et pri-vait les Occidentaux d'un moyen de pression. Selon des experts, des « forces de l'Otan, sta-tionnées le long de la frontière du Kosovo, auraient » fixé « une partie de l'armée yougos-lave, contrainte à se déployer en prévision d'une invasion, et l'aurait empêchée de partici-per aux massacres et déportations à l'intérieur du territoire ».

3) Clinton exigeait des bombardements « réduits au minimum, et permettant d'éviter

au maximum des pertes civiles », rapporte un de ses collaborateurs. Quand Wesley Clark lui avait proposé de bombarder massivement et rapidement les faubourgs de Belgrade, il s'était montré « inquiet et agacé ».

La phase 1, déclenchée le 24 mars avait répertorié environ 60 cibles à détruire, toutes militaires, presque exclusivement des batteries de défense anti-aérienne et des terrains d'aviation.

Au bout de deux jours, on découvrait que ces frappes n'avaient nullement entravé l'offensive des forces de Milosevic au Kosovo, qui bombardèrent même des villages de l'autre côté de la frontière, en Albanie.

Sandy Berger confia : « ceci nous trouble beaucoup ». Le président américain, lui, paraissait tendu et épuisé. Il passait ses journées au téléphone, en discussion avec les dirigeants alliés, notamment Chirac, Schröder, Blair « à la fois pour les rassurer et pour se rassurer », selon un de ses proches. Il terminait ses conversations en disant à son interlocuteur : « Surtout, s'il survient quoi que ce soit, n'hésitez pas à me téléphoner, jour et nuit. »

« C'était un conflit qui commençait étrangement, estime un diplomate européen mêlé à sa préparation. Malgré les proclamations vertueuses de tous nos dirigeants, c'était une guerre que personne n'était vraiment prêt à assumer. Nous ne voulions pas de troupes au sol ni de bombardements massifs, bref nous ne souhaitions pas en payer le prix politique. A l'exception peut-être de Tony Blair. »

Le Premier ministre anglais estimait en effet « face à la barbarie, les pays civilisés ont le devoir moral de défendre leurs valeurs, partout, et au besoin par la force. »

Cette déclaration pleine de panache masquait les tiraillements qui apparaissaient au sein du Parti travailliste.

En Allemagne, Gerhard Schröder confiait en privé, inquiet : « Si les bombardements ne stoppent pas Milosevic, il ne restera plus d'autres solutions que l'envoi de troupes et nous n'en voulons pas. »

Jamais les responsables politiques n'avaient contrôlé aussi étroitement les préparatifs et le déroulement d'un conflit. « Ils étaient dix-neuf penchés en permanence par-dessus l'épaule de Wesley Clark à corriger sa copie », selon un expert militaire. Chaque cible était choisie par les collaborateurs du commandant en chef de l'Otan et transmise au Pentagone où une antenne spécialement créée, portant le nom de code J-2T, évaluait tous les aspects techniques : l'importance militaire de la cible, le meilleur point d'impact et l'arme la mieux adaptée pour la frapper. Les planificateurs envisageaient aussi les risques : pour les pilotes et envers la population civile, l'objectif se situait-il dans une zone bien défendue, des populations civiles se trouvaient-elles à proximité ?

Leurs conclusions étaient transmises simultanément à un groupe de juristes du Pentagone et à l'Otan, qui réexaminaient soigneusement la cible sélectionnée. « La question à laquelle ils devaient répondre en permanence, selon un observateur, était : peut-on justifier cette frappe ? » Cette question concernait notamment les objectifs économiques et les sites industriels.

La liste complète parvenait ensuite au président américain et aux responsables alliés qui la passaient à nouveau longuement en revue, après avoir pris conseil auprès de leurs responsables permanents à Bruxelles.

Le samedi 27 avril au soir, un avion radar EC-130 de l'Otan patrouillant au-dessus de l'Adriatique, et chargé d'écouter les messages des pilotes en mission, capta un signal de détresse. Une voix lançait « Mayday. » Un avion venait d'être touché.

L'appareil abattu était un F 117 en théorie indétectable, l'avion le plus cher jamais construit.

A 15 h 30, heure de Washington, Sandy Berger en fut informé et prévint immédiatement le président, qui en fut consterné. Les événements semblaient soudain se dérégler. Les frappes n'obtenaient pas les résultats escomptés, l'armée serbe, loin d'être démoralisée, continuait ses opérations, et des manifestations hostiles à l'intervention militaire éclataient en Grèce et en Macédoine.

Berger, Cohen, Shelton, assis dans le bureau présidentiel, attendaient, inquiets. Des opérations avaient été lancées, vingt minutes après la disparition de l'avion, pour tenter de récupérer le pilote abattu.

A 21 h 30, le téléphone sonna dans le bureau ovale. Berger décrocha, resta silencieux puis un large sourire se dessina sur son visage. Il annonça à Clinton que l'homme avait été retrouvé sain et sauf par un commando basé à Tuzla en Bosnie, et acheminé par hélicoptère hors du territoire yougoslave.

Clinton affichait un large sourire.

– J'ai besoin de faire une pause. J'irai demain jouer au golf.

Ses conseillers étaient consternés.

– Vous ne pouvez pas, lui dit l'un d'entre eux, être filmé en train de frapper une balle pendant que nos pilotes risquent leur vie au-dessus des Balkans.

Ils lui demandèrent de rester à la Maison-Blanche. Le chef de l'exécutif secoua la tête : « Il faut que je retrouve l'esprit clair. »

Le lendemain il s'envola en fait pour la résidence de Camp David. Avant de monter dans l'hélicoptère, qui stationnait sur la pelouse de la Maison-Blanche, il s'était entretenu en tête à tête avec Sandy Berger, puis il se réunit pendant une heure avec William Cohen, Madeleine Albrigt, le général Shelton et George Tenet, le directeur de la CIA. Ils examinèrent attentivement les cibles militaires retenues pour les bombardements qui devaient être déclenchés quelques heures plus tard, puis Clinton demanda à ses collaborateurs :

– Avez-vous vu ces images de réfugiés fuyant le Kosovo ? Désormais nous ne sommes plus dans un spot télévisé publicitaire de 30 secondes.

Il évoqua ensuite la conversation qu'il avait eue la veille avec Tony Blair qui séjournait aux Chequers, la « maison de campagne » des Premiers ministres anglais. Les deux dirigeants en étaient arrivés à la même conclusion : les bombardements n'avaient pas eu, jusqu'ici, l'effet escompté.

« Il faut continuer », ajouta Clinton, à l'adresse de ses conseillers. Tous hochèrent la tête, mais personne ne comprenait s'il souhaitait proposer quelque chose de nouveau, comme l'intensification des frappes.

Il n'était pas encore décidé à accentuer la pression militaire, même si Wesley Clark lui avait transmis une liste détaillée de cibles industrielles, contrôlées ou possédées par Milosevic, sa famille et des alliés.

Le chef de l'Otan estimait que frapper durement le pouvoir économique et financier appartenant au maître de Belgrade affaiblirait son autorité auprès de ses proches, susciterait son désarroi et pourrait l'inciter à céder. Selon un responsable de l'Otan : « Aussi longtemps qu'il reste au pouvoir, il ne se soucie guère de savoir si ses soldats meurent au Kosovo, écrasés sous les bombes. Mais si ces bombes détruisent des biens qui lui appartiennent, alors peut-être réagira-t-il ? »

Les évaluations dressées par les collaborateurs de Wesley Clark, avec l'aide des services secrets occidentaux, révélaient que le président yougoslave, au fil des années, avait tissé à travers son pays une gigantesque et profitable toile d'araignée. Il n'y avait pratiquement aucun secteur d'activité économique important qui échappât en Yougoslavie à son emprise, directe ou à travers des prête-nom.

Son fils, Marko, possède notamment une radio, une discothèque, un serveur Internet, tous baptisés Madonna. Il avait le projet d'ouvrir un parc d'attraction du nom de « Bambiland » et il possède des intérêts dans des sociétés effectuant l'importation de cigarettes. Sa sœur, Marija, possède une radio et une chaîne de télévision.

Plus sérieux, le Premier ministre de Serbie, Mirko Marjanovic, dirige Progress, une importante société de gaz; son adjoint, le vice-Premier ministre Nikola Sainovic, est un des responsables de RTB Bor, une compagnie minière. Kovacevic, le ministre de la Construction, dirige Mastrogradnje, une des plus importantes firmes de travaux publics; Zivota Kosic, le ministre de l'Energie et des Mines, contrôle Duvanska Industrija Nis, un complexe qui fabrique notamment des cigarettes; Milan Beko, un ancien ministre, est directeur de Zastava, une firme fabriquant des armes et des voitures. Le responsable du Parlement serbe, Dragan Tomic, est directeur de Jugopetrol, une des plus importantes firmes énergétiques du pays.

Selon les enquêtes effectuées, les Milosevic posséderaient des villas en Grèce et plusieurs comptes en Suisse. Une partie de cet argent aurait été transférée par la femme de Milosevic, Mirjana, à travers les comptes qu'elle possédait dans les filiales à l'étranger de deux banques françaises.

Un des proches du président serbe, Borka Vircic, est un des responsables de la Banque de Chypre qui serait utilisée par les dirigeants serbes pour des transferts de fonds dans les paradis fiscaux.

Les secteurs yougoslaves de l'énergie, de l'agriculture, de l'import export et de l'armement, constituaient autant de fiefs et de baronnies aux mains de Milosevic et ses proches. Le secteur de l'armement et particulièrement la production de munitions, assurée par une organisation dont le responsable était le major général Jovan Cekovic, se révélait particulièrement profitable. Les exportations garantissaient des bénéfices réguliers et importants en devises fortes.

« Pour Bill Clinton, rapporte un de ses proches, frapper ces cibles était tentant, mais il ne voulait pas que ce conflit apparaisse aux yeux de l'opinion comme un règlement de compte personnel contre Milosevic. Il ne lui a fallu que cinq jours, un peu moins même, pour changer d'avis. »

Au bout de quelques jours, l'échec de cette première phase de frappes était patent. Un responsable européen résumait clairement la situation : « Si nous estimons qu'il faut continuer à bombarder Milosevic jusqu'à ce qu'il accepte enfin de signer les accords de Rambouillet, alors nous pouvons nous préparer à le bombarder pendant des années. »

En privé, les responsables de l'Otan ne reconnaissaient qu'une seule erreur... d'évaluation. « Nous aurions dû, estime l'un d'eux, dès le départ réclamer davantage d'avions. Mais aucun des Etats membres de l'Alliance n'était prêt à nous les accorder et personne n'avait imaginé que Milosevic se lancerait dans une opération de déportation massive de la population albanaise du Kosovo. »

Des milliers de réfugiés franchissaient chaque jour les frontières de l'Albanie, de la Macédoine et du Monténégro, des pays pauvres, fragiles, en voie d'implosion. « Je me souviens, raconte un expert du Pentagone, en voyant ces exodes massifs, m'être dit : En dix jours à ce rythme-là, il aura vidé et nettoyé tout le Kosovo. »

L'Otan menait en fait une guerre étrangement inadaptée et extraordinairement coûteuse. 90 % des armes utilisées pour bombarder la Yougoslavie étaient des engins de haute précision. « Le plus grand pourcentage jamais utilisé dans une guerre aérienne », selon Wesley Clark. Durant la guerre du Golfe le chiffre atteignait 9 %.

Mais comme l'écrivait avec justesse et humour le *New York Times* : « A quoi sert-il d'utiliser une bombe sophistiquée qui coûte 1 million de dollars (plus de 6 millions de francs) si la cible visée n'est rien d'autre qu'un camion. »

128

Face à ces remarques, le commandant en chef de l'Otan répliquait agacé : « Nous menons une guerre efficace et non une guerre à la petite semaine, le regard sur le carnet de chèques. »

L'efficacité hélas n'était pas au rendez vous. Le temps extrêmement couvert sur le Kosovo entravait les bombardements, et les satellites espions, capables de repérer au sol le moindre objet, avec une précision absolue à dix centimètres près, se retrouvaient eux aussi aveugles, pour les mêmes raisons.

Les systèmes de communications des forces serbes avaient fait partie des premiers objectifs visés, mais les troupes sur le terrain utilisaient, pour coordonner leurs opérations, un équipement rudimentaire, souvent même des simples talkies-walkies. Leurs missiles étaient cachés sous l'épaisse frondaison des forêts, les chars dissimulés dans les granges et tractés, quand il fallait les changer de cache, par des chevaux ou des bœufs, afin d'éviter que la chaleur dégagée par les moteurs en marche ne les fasse repérer par les satellites ennemis ; les soldat, eux, se déplaçaient parfois avec des vêtements civils ou mêlés à des convois de réfugiés. L'Otan et les Serbes ne menaient pas la même guerre.

Plus de cinquante satellites militaires, placés en orbite autour de la terre surveillaient en permanence la Serbie et le Kosovo. Le satellite français d'observation « Hélios » transmettait ses images au centre opérationnel interarmées situé sous le ministère de la Défense à Paris :

129

une pièce de 200 mètres carrés remplie d'ordinateurs.

Cette guerre marquait, aussi, pour les Etats-
Unis, une rupture totale avec la doctrine
Powell. Le chef d'état-major, durant la guerre
du Golfe, avait énoncé deux principes simples
qui avaient séduit la communauté militaire et
la classe politique.

1) L'Amérique ne doit s'engager dans un
conflit que si elle se donne tous les moyens
militaires de le gagner.

2) Les Etats-Unis ne doivent jamais
commencer une guerre s'ils ne savent pas
comment la terminer.

Au Kosovo, ces deux principes avaient volé
en éclats, et certains à Washington rappelaient
volontiers la remarque ironique adressée par
Madeleine Albright à Colin Powell, en 1993 :
« Général, à quoi servent toutes nos troupes si
elles ne sont pas utilisées ? »

A Moscou, Yevgeny Primakov téléphona à
Boris Eltsine, couché au fond de son lit en raison d'un ulcère, pour l'informer que Belgrade
était prêt à envisager une médiation russe.
L'information avait été transmise à Primakov
par le propre frère de Milosevic, Borislav,
ambassadeur de Yougoslavie en Russie et également le lien avec des milieux d'affaires
russes pour certaines opérations lucratives.
Primakov, après l'échec de son voyage à
Washington, était désireux de reprendre l'initiative, mais cet activisme agaçait Eltsine qui

LE DOSSIER SECRET

voyait en lui un rival potentiel. Il donna son accord pour une mission de son premier ministre à Belgrade, mais la fit précéder par une visite de trois personnalités russes qui lui étaient acquises, dont l'ancien Premier ministre Gaïdar, qui adolescent avait été proche des Milosevic.

Holbrooke qui séjournait alors à Budapest pour affaires, rencontra cette troïka étrange qui se préparait à ce voyage, uniquement pour satisfaire le caprice d'Eltsine et embarrasser Primakov.

Primakov 29/3

Le Premier ministre russe leur succéda peu après, à la tête d'une délégation qui comprenait les ministres de la Défense et des Affaires étrangères, ainsi que plusieurs responsables de l'ex-KGB, dont Primakov avait été le patron.

Milosevic était ravi de voir les visiteurs se succéder. Calme, de bonne humeur, il déclara que les frappes aériennes étaient inopérantes et n'avaient pas affaibli le potentiel militaire serbe. Il ajouta, satisfait, qu'il avait toujours su que les pays de l'Otan ne se résoudraient jamais à envoyer des troupes au sol. « Pas un soldat de l'Otan, affirma-t-il, ne foulera le sol yougoslave au cours des prochaines cent années, et peut-être même des prochaines mille années. »

Au terme de six heures d'entretien, Primakov avait arraché au leader serbe une promesse vague : Après l'arrêt des attaques aériennes, je serais prêt à chercher une solu-

131

tion politique à tous les problèmes », aurait-il déclaré.

Le Premier ministre russe s'envola pour Bonn où il fut reçu par le chancelier Gerhard Schröder. L'Allemagne présidait pour six mois le Conseil européen.

La Chancelier fut stupéfait de l'optimisme affiché par Primakov. Pour Schröder les propositions de Belgrade étaient « inacceptables » et ne pouvaient en aucune façon servir de « base à une solution politique. »

Le dirigeant russe embarrassé précisa que Milosevic lui avait garanti qu'il « serait prêt à réduire ses forces stationnées au Kosovo, après l'arrêt complet des bombardements. » A un autre moment, au cours de ses échanges avec le dirigeant allemand, le Premier ministre fournit une nouvelle précision : « Milosevic souhaiterait avoir des négociations directes avec les Albanais du Kosovo et serait prêt à créer les conditions d'un retour pour tous les réfugiés pacifiques. »

Questionné par Schröder, Primakov n'était pas en mesure de fournir de détails plus précis sur la nature de ces éventuelles « négociations », le choix des interlocuteurs ainsi que la signification exacte de la formule « réfugiés pacifiques. »

Les Russes avaient échoué « et comme cet échec était flagrant, il ne leur restait plus, pour le masquer, qu'à intensifier leurs critiques contre nous », conclut un officiel du département d'Etat.

Le ministre russe des Affaires étrangères Igor Ivanov accusa l'Otan de planifier secrètement l'envoi de troupes au Kosovo et de coordonner ses attaques aériennes grâce à l'aide sur le terrain des forces de l'UCK (ce qui n'était pas totalement inexact). Le chef de la diplomatie russe ajouta que les observateurs européens de l'OSCE, qui avaient quitté le Kosovo pour gagner la Macédoine peu avant les bombardements, avaient laissé derrière eux, à l'intérieur de la province, des agents qui guidaient les avions de l'Otan en leur signalant les cibles serbes.

Le 30 mars, Clinton et les chefs d'Etat et de gouvernement alliés étaient parvenus à la même conclusion « désagréable, amère même », selon un officiel américain : les frappes aériennes n'avaient nullement stoppé l'offensive des forces serbes au Kosovo, et les dommages infligés à leur machine militaire se révélaient peu importants.

« La seule stratégie, avait déclaré Tony Blair téléphonant au président américain, est d'intensifier les attaques. »

À l'Otan, Clark partageait ces vues et proposait que les bombardements se déroulent 24 h sur 24.

Le soir même, les représentants des pays membres de l'Alliance décidèrent d'accentuer les bombardements.

Quand les 19 ambassadeurs de l'Otan se retrouvèrent enfermés dans la salle de réunion, « ils durent, selon l'un d'eux, se convaincre que cette fois la guerre allait vraiment commencer. » Wesley Clark était absent mais avait dressé une liste de tous les objectifs nouveaux qu'il souhaitait voir détruits dans les plus brefs délais.

Il voulait notamment pouvoir bombarder les ponts, les ministères et le siège du parti au pouvoir, les stations de télévision, les usines d'armements, les dépôts de carburants. Après des discussions « intenses » selon un ambassadeur, les pays membres donnèrent leur accord. Avec une seule réserve : dans un premier temps les chaînes de télévision ne seraient pas visées. La seconde phase était déclenchée.

La réunion avait également permis de passer en revue d'autres options, tel le déploiement terrestre mais, comme le confiera le secrétaire général de l'Otan, Javier Solana, « c'était trop tard pour envoyer des troupes, même si certains pays membres l'avaient cette fois décidé. Nous n'étions pas préparé à envisager une telle solution, excepté dans un accord de paix accepté par les Serbes. Planifier une telle opération aurait pris beaucoup de temps. »

C'était exactement le langage que parlaient et souhaitaient entendre les dirigeants du Pentagone. Les experts se plaisaient à rappeler que, durant la guerre du Golfe, le simple acheminement de la 24e division d'infanterie mécanisée avait exigé l'utilisation de 57 avions, uniquement pour le transfert des soldats.

Cette division se composait également de 5 100 véhicules, allant des camions aux chars de 70 tonnes, plus 90 hélicoptères. Tout ce matériel avait été chargé sur des navires et débarqué dans les ports saoudiens.

L'Albanie, la principale base logistique pour une telle opération, était le pays le plus pauvre d'Europe, avec des routes étroites et défoncées, aucun équipement pour décharger des bateaux, un aéroport minuscule permettant tout juste à deux avions cargos de stationner. Renforcer une infrastructure aussi déficiente aurait exigé un travail considérable qui, selon les experts, « aurait duré près de quatre mois. »

Pour Madeleine Albright, il fallait à tout prix que le conflit soit achevé avant le 23 avril. Ce jour-là l'Otan fêterait dans le faste et l'euphorie le 50e anniversaire de sa création. Les cérémonies devaient se dérouler à Washington, et les responsables américains souhaitaient leur conférer le maximum d'éclat. Javier Solana se montrait officiellement optimiste, même s'il déclarait en privé : « Ce n'est pas un problème qui a été créé en 24 h, et il ne sera pas résolu en 24 h. »

« Mal préparée à combattre, l'Otan l'était tout autant à communiquer », estime un observateur. Et les efforts énormes déployés par son porte-parole, le Britannique Jamie Shea, ne suffisaient pas à masquer cette carence. Les experts militaires se refusaient à

135

fournir le nombre exact de missions, le détail des missiles tirés, des bombes larguées, et les proportions dans lesquelles ils avaient atteint leurs objectifs.

Le Pentagone et le ministère britannique de la Défense fournissaient, eux, beaucoup plus d'informations. Selon ces deux sources, en neuf jours, les avions alliés avaient effectué 2 700 missions de combat. En fait le mauvais temps avait obligé les responsables militaires de l'Alliance à annuler 50 % des frappes prévues. En comparaison, durant la guerre du Golfe le rythme quotidien des sorties aériennes était de 3 000.

Les mauvais résultats engendraient un mauvais climat et les rumeurs les plus extrêmes filtraient à l'extérieur. On évoquait un espion au sein de l'Otan, une « taupe » en mesure de communiquer des renseignements aux Serbes sur les objectifs visés.

A l'appui de cette thèse, un épisode troublant a été évoqué : les deux bâtiments du ministère de l'Intérieur, frappés en pleine nuit par des missiles Cruise, étaient totalement vides, alors que la veille au soir ils étaient remplis de monde, avec les fenêtres allumées. Les Serbes avaient-ils été informés ?

L'explication était en réalité beaucoup plus simple. Trois jours avant les frappes contre les bâtiments, le *Washington Post* avait publié un article d'une source bien informée, indiquant que le président Clinton avait donné son accord à une attaque contre le ministère de

l'Intérieur. Cette révélation avait probablement permis aux autorités de Belgrade de
prendre leurs dispositions.

Il subsistait cependant certains faits trou-
blants. Plusieurs bâtiments avaient été éva-
cués peu avant que les bombes ou les missiles
de l'Otan ne les détruisent.

Certains membres de l'Alliance évoquaient
l'arrestation récente de cet officier français,
Bunel, détaché auprès de l'Otan et qui aurait
renseigné les Serbes. Une autre rumeur
enflait, propagée cette fois par le quotidien
britannique *Daily Telegraph*. Selon ce journal
la France était maintenue à l'écart des réunions secrètes, parce que Washington redoutait que Paris ne livre à Belgrade les plans
militaires de l'Alliance.

L'énormité de l'accusation contribuait à
décrédibiliser la véracité du propos.

« C'était, selon un diplomate en poste à
Bruxelles, une information bien entendue
fausse... et en partie fondée. Paris est évidemment associé à toutes les prises de décision ;
Chirac se flatte des bonnes relations,
empreintes de confiance, qu'il entretient avec
Clinton, mais les Américains ont parfaitement
les moyens de préserver leur intimité et de
faire chambre à part quand ils le souhaitent.
Discrètement. La chaîne de commandement,
au sein de l'Otan, est dominée par les Américains, qui d'ailleurs la doublent par une autre
chaîne de commandement, officieuse celle-là.
Washington partage avec ses alliés tout ce qui
les concerne et peut conserver sans problème

pour lui-même tout ce qui l'intéresse, c'est-à-dire parfois l'essentiel. »

L'existence d'un espion au sein de l'Otan était une explication séduisante mais probablement guère fondée. Un certain nombre des communications téléphoniques de l'Otan ne s'effectuaient pas sur des lignes protégées et les Serbes étaient en mesure de les intercepter. Les Russes disposaient également de plusieurs stations d'écoute qui pouvaient capter les messages envoyés par l'Otan et les transmettre à Belgrade.

CHAPITRE XII

« Je déclare à l'Otan, aux Américains, aux Allemands, ne nous poussez pas à une action militaire, autrement il y aura sûrement une guerre en Europe et peut-être une guerre mondiale. Nous sommes contre. »

D'une voix lente, l'élocution parfois difficile, Boris Eltsine avait proféré cet avertissement le 9 avril, devant les caméras de télévision.

« L'ours russe lèche ses plaies », avait confié en privé un officiel américain. Aux yeux de Washington cette intervention reflétait l'exaspération mais aussi l'impuissance de Moscou. « Ils s'apercevaient qu'ils n'avaient aucune prise sur ce conflit, que les Serbes se servaient de leurs médiations pour brouiller encore davantage les contours du paysage », estime un responsable du Pentagone.

Mais deux personnalités s'inquiétaient de voir « les Russes sortis du jeu » et des conséquences à terme d'une telle situation. Madeleine Albright se montrait particulièrement préoccupée, mais Clinton se rappelait les 45 minutes passées au téléphone avec Eltsine, lorsqu'il avait fallu lui annoncer le déclenchement des frappes aériennes. Le président russe s'était montré violent, qualifiant notamment les bombardements « d'agression américaine dans les Balkans ».

Moscou avait envoyé un navire, muni de systèmes d'écoutes, espionner la flotte de l'Otan en mer Adriatique. Les Russes avaient également prévenu les autorités turques que huit autres navires franchiraient le détroit du Bosphore, en provenance de la mer Noire, entre le 12 et le 16 avril. Selon les termes d'un responsable européen « Moscou ne voulait pas faire plus et ne pouvait pas faire mieux ».

Jacques Chirac était probablement de tous les dirigeants occidentaux celui qui s'alarmait le plus de cette situation et qui plaidait inlassablement auprès de ses pairs pour que Moscou soit intégré à une relance éventuelle de l'action diplomatique. Paris avait également demandé que l'Otan vienne en aide aux populations kosovars déplacées à l'intérieur du territoire. Cette exigence humanitaire et l'éventualité d'un largage de vivres avaient exaspéré les responsables militaires de l'Otan, notamment les Américains. Toute leur attention était focalisée sur les opérations en cours et cette demande leur apparaissait incongrue.

Le mercredi 7 avril, un appel radio parvint au peloton d'une unité américaine, stationnée en Macédoine : « Nous sommes au contact, nous essuyons des tirs, notre position est Grid 675, nous sommes encerclés. »
La transmission radio s'interrompit. Des groupes de recherches, français, anglais et ita-

liens furent immédiatement dépêchés pour essayer de libérer les trois hommes disparus. Sans succès.

Le lendemain matin l'officier conduisant les recherches reçut un appel de son supérieur, installé à Skopje. Le général Craddock lui déclarait : « annulez la mission, nous venons de les voir sur CNN ».

Les centaines de milliers de réfugiés qui fuyaient le Kosovo provoquaient l'émotion et l'indignation des Américains ; la capture de trois de leurs soldats, menacés par Belgrade d'un procès, déclencha leur colère.

Dans un discours prononcé peu après en Virginie, Clinton déclara que les Etats-Unis tiendraient Milosevic et son gouvernement pour « responsables de la sécurité et du bien-être des soldats ».

Un sondage publié immédiatement après indiquait que 58 % des Américains contre 53 précédemment soutenaient la décision du président d'engager des forces américaines dans la campagne de l'Otan.

Bill Clinton, juste après la publication du sondage, avait téléphoné à Tony Blair en lui disant : « Trois options s'offraient à nous en déclenchant les frappes. Milosevic disait " pouce " et retirait ses troupes du Kosovo. Je crois que nous ne pouvons plus guère nous faire d'illusions à ce sujet ; une nouvelle ouverture diplomatique se dessine, mais pour l'instant je ne la perçois pas. Il reste une troisième possibilité : que les frappes affaiblissent les forces serbes, permettant à l'UCK de reprendre l'avantage. »

Le 10 avril il donna comme consigne à tous ses principaux ministres et collaborateurs d'accepter les invitations des chaînes de télévision. Berger, Cohen et Albright passèrent en direct à plusieurs reprises durant la même journée. Le message qu'il s'agissait de transmettre à l'opinion était double : le conflit va connaître une escalade et l'Otan travaille sur des projets d'attaque terrestre. Bien entendu, il convenait d'ajouter qu'une telle hypothèse restait « hypothétique » puisque « l'offensive aérienne remplissait tous ses objectifs et se révélait un succès ».

Cette opération de communication visait en réalité à renvoyer la balle dans le camp de l'Otan. William Cohen ne se privait pas de déclarer que les pays membres de l'Alliance n'avaient jamais évoqué l'envoi de troupes terrestres, et en privé le ministre américain de la Défense s'empressait d'ajouter : « nous étions désireux d'étudier une telle possibilité, mais nous avons été entravés par nos alliés ».

Les Etats-Unis étaient militairement dans l'impasse. « Nous nous étions engagés, confiera un des responsables du Pentagone, dans une stratégie à deux guerres sans avoir la capacité de les mener. Certains des avions utilisés dans le nord de l'Irak avaient été envoyés au Kosovo et il n'y avait plus de porte-avions américains dans le Pacifique Ouest. »

L'Us Air Force estimait encore récemment que ses stocks de missiles Cruise seraient suffisants jusqu'en 2002. Les 90 exemplaires lan-

142

cés jusqu'ici contre les forces serbes avaient balayé cette évaluation et l'Air Force contrainte à l'improvisation s'efforçait, en hâte, de convertir 92 missiles nucléaires en armes conventionnelles et réclamait une rallonge budgétaire pour être en mesure d'en modifier 230 autres.

Cette frustration avait également conduit Washington, en étroite coopération avec Londres, à se rapprocher secrètement de l'UCK. Robin Cook, le ministre britannique des Affaires étrangères, avait joint, par téléphone satellite, Hashim Taci un des dirigeants de l'organisation qui lui avait dépeint un tableau apocalyptique de la situation à l'intérieur de la province, avec des milliers de personnes ayant fui leurs villages et réfugiées dans les bois ou sur les flancs neigeux des collines. Des informations plausibles mais impossibles à vérifier.

Les combats sur le terrain semblaient s'intensifier dans l'ouest du Kosovo, près de la frontière avec l'Albanie. Pour les experts militaires, il était clair que les Serbes cherchaient à couper toutes les lignes de ravitaillement de l'organisation séparatiste.

Des agents de la CIA, installés en Albanie, et des membres de la DIA, les services de renseignements de l'armée, venus spécialement des Etats-Unis, rencontrèrent à trois reprises des responsables militaires de l'UCK. Cette mission ne s'inscrivait nullement dans le cadre officiel de l'Otan. Bien au contraire.

143

C'était une initiative anglo-américaine et les deux pays attachaient un grand soin à ce que leurs alliés, dans un premier temps, n'en sachent rien.

« Dans les réunions au sein de l'Otan, ou des discussions bilatérales, se rappelle un diplomate européen, le sort de l'UCK était évoqué, en passant. Fallait-il ou non les armer était devenu une question aussi récurrente et dépourvue de réponse que l'envoi de troupes au sol. Je crois que les Américains et les Anglais nous désinformaient. »

Les contacts noués entre la CIA, la DIA et l'UCK visent à évaluer les besoins militaires de l'organisation. Ses chefs prétendent qu'efficacement équipés et armés ils seraient en mesure d'infliger des pertes sérieuses aux Serbes.

« Je ne suis pas au courant de cette initiative visant à armer l'UCK, affirme un responsable du département d'Etat, mais elle ne me surprend pas. Nous étions frustrés devant le manque de résultats des frappes aériennes, et tout ce qui pouvait permettre en quelque sorte d'ouvrir un nouveau front contre les Serbes était le bienvenu. Mais évidemment, il ne fallait pas que l'opération devienne trop voyante. N'oubliez pas qu'un an auparavant nous considérions officiellement l'UCK comme une organisation terroriste. »

Le bilan dressé par les agents américains au terme de ces rencontres était mitigé : les Serbes avaient porté des coups sévères aux troupes séparatistes, gravement affaiblies et

144

désorganisées. Ils se montraient sceptiques sur leur capacité à reprendre l'initiative. Certains des agents américains avaient auparavant opéré dans le nord du Kurdistan, après l'écrasement militaire de l'Irak, pour réorganiser et équiper les Kurdes en lutte contre Bagdad. Selon eux, les Kurdes, « à l'époque offraient davantage de potentialités que l'UCK ». Il fut décidé d'envoyer à l'intérieur du Kosovo des conseillers anglais, appartenant au SAS, les forces spéciales, pour renforcer l'encadrement de l'organisation. Les Américains, eux, avaient refusé une telle option.

« En fait, nous dira un membre de la CIA, nous avions désespérément besoin d'alliés sur le terrain, et aucun n'était convenable. » L'UCK trafiquait plus qu'elle ne combattait ; le vertueux président du Monténégro, Milo Djukanovic, présenté comme un admirable démocrate, avait fait toute sa carrière dans l'ombre de Milosevic. En 1991, il soutenait avec enthousiasme les bombardements sur Dubrovnik et il s'était enrichi en violant l'embargo occidental et en important en contrebande des biens interdits. « L'opposition démocratique, en Serbie s'était, elle, totalement déconsidérée. Bref, c'était l'impasse. »

Le bilan au 14 avril était de 6 000 sorties aériennes qui avaient permis d'atteindre 150 cibles.

Pour « traiter » un seul objectif l'Otan devait en réalité faire décoller plus de 35 avions, bombardiers et appareils de soutien.

145

Wesley Clark avait récemment réclamé au Pentagone 300 avions supplémentaires. Paris de son côté avait renforcé ses effectifs avec 4 mirages 2000 D, ce qui portait le nombre d'appareils engagés à 73, la seconde flotte après les Etats-Unis. L'objectif de l'état-major de l'Otan était de disposer d'un peu plus de mille appareils, ce qui était encore inférieur aux forces engagées durant la guerre du Golfe, et d'être en mesure d'intervenir non plus seulement contre des cibles fixes mais également contre des objectifs mobiles.

Au moment où plus de 500 000 réfugiés avaient déjà fui le Kosovo, l'Otan envisageait le survol constant du territoire par plus de 100 appareils capables à tout moment de repérer et de détruire des cibles en mouvement.

Dans cette montée en puissance du conflit, les Américains contrôlaient l'ensemble des opérations, possédaient 70 % des avions et 90 % des bombes et des missiles largués.

Les Européens, eux, s'inquiétaient. Les Verts allemands dénonçaient « la guerre d'agression » de l'Otan, et Gerhard Schröder s'angoissait des risques d'éclatement de sa coalition. Une situation assez proche de celle que vivait l'Italie où la position du chef de gouvernement, Massimo d'Alema, était d'autant plus fragilisée que Rome se trouvait en première ligne. Une bonne partie des avions alliés décollaient des bases installées sur son territoire et elle redoutait l'afflux de réfugiés. En France, la cohabitation traversait sans accroc cette épreuve. Chirac s'impliquait profondément dans ce dossier, Lionel Jospin le suivait avec attention, mais accordait toute confiance à ses deux ministres les plus concernés, Hubert Védrine pour les Affaires étrangères, et Alain Richard pour la Défense.

Le 14 avril, lors du sommet européen, Tony Blair avait convaincu Jacques Chirac d'accepter d'intensifier les pressions militaires. Bill Clinton avait de son côté téléphoné à plusieurs reprises au président français. L'accroissement des bombardements impliquait aussi l'augmentation du nombre de bavures.

Selon les ordres, les avions devaient frapper leurs cibles d'une altitude de 5 000 mètres. « Une option retenue, selon un diplomate, en raison du souci de préserver autant que possible la vie des pilotes, car la perte ou la capture de quelques-uns d'entre eux pouvait avoir des effets néfastes sur le soutien de l'opinion publique à l'opération. »

« A cette altitude, selon le pilote d'un F16, il est impossible de voir autre chose qu'une source de chaleur sur un de mes écrans d'information, un tel signal indiquant un véhicule en mouvement. Je peux dire que c'est un véhicule, mais je ne peux pas discerner de quel type il s'agit. A une telle altitude je suis incapable de voir si la cible est un char, un camion militaire ou un tracteur. »

Un avion avait bombardé « par erreur » un groupe de civils, et un train de passagers traversant un pont considéré comme « cible militaire » avait été détruit faisant plus de dix morts.

L'Amérique, du moins ses stratèges militaires et ses responsables politiques, avait entretenu l'espoir de mener une « guerre propre, par l'usage intensif d'armes intelligentes ». Les conséquences tirées de la guerre du Golfe étaient euphoriques : le ratio de pertes grâce à ces armements sophistiqués avait été de 100 soldats irakiens tués pour un seul GI disparu.

La réussite d'une telle opération reposait, aux yeux des responsables du Pentagone et de l'Otan, sur une maîtrise absolue de l'information, une « connaissance totale et permanente des forces ennemies, de leur état d'affaiblissement ».

Une stratégie totalement inopérante au Kosovo. Wesley Clark l'avait reconnu avec dépit : « En 20 jours de bombardements, nous n'avons eu que 7 jours de beau temps. » Le temps couvert et nuageux offrait aux Serbes le plus sûr des boucliers.

Les soldats de Belgrade, habillés en paysans, cachés dans les maisons dont ils avaient chassé les habitants « utilisaient avec habileté un armement obsolète pour se battre d'une façon que nous avions presque oubliée », estimait un officier supérieur de l'Otan.

Non seulement l'appareil militaire yougoslave n'avait pas été sérieusement « dégradé » mais il se renforçait, selon les rapports obtenus. Les troupes serbes à l'intérieur de la province dépassaient les 43 000 hommes.

Les consignes strictes données aux escadrilles de chasseurs et de bombardiers en mission au-dessus du Kosovo conduisaient à une situation stupéfiante. Il était interdit à ces appareils de descendre au-dessous de 5 000 mètres et d'engager le combat avec les avions serbes « sauf en cas d'hostilité avérée ou apparente ». Des pilotes relataient avoir vu des appareils ennemis décoller et voler sous eux en toute impunité, mitraillant des positions de l'UCK ou des villages albanais.

Belgrade avait perdu plus de la moitié de ses 15 Mig29 mais disposait encore de nombreux avions plus anciens, répartis dans des abris et capables d'appuyer les troupes sur le terrain.

A la mi-avril, le coût de la guerre, pour les Etats-Unis, était évalué à 4 milliards de dollars, dont 3 milliards pour les seules opérations aériennes. A Paris le ministère de la Défense indiquait que l'engagement français au sein de l'Alliance lui occasionnait un surcoût budgétaire de 250 à 300 millions de francs par mois. La France d'autre part avait prévu 600 millions de francs pour l'aide aux réfugiés et aux pays d'accueil.

Le 18 avril Bill Clinton téléphona à Boris Eltsine. C'était la première fois que les deux dirigeants se reparlaient depuis la conversation houleuse du 24 mars, lorsque le président américain avait annoncé à un Eltsine furieux le déclenchement des frappes. Les discussions, cette fois, furent beaucoup plus calmes.

« Le président Clinton était contraint à une relance, rapporte un de ses collaborateurs. L'affrontement avec la Serbie gelait les relations entre Washington et Moscou, tandis que les sentiments anti-américains et anti-Otan se développaient dans la population russe. » Clinton commençait également à redouter que la prolongation des bombardements ne rende de plus en plus difficile et aléatoire la mise en place d'une solution négociée incluant la Russie.

Les cérémonies marquant le 50e anniversaire de l'Otan devaient s'ouvrir cinq jours plus tard. Clinton indiqua à son homologue qu'il serait extrêmement honoré que la Russie soit parmi ses invités. La réponse d'Eltsine fut floue. Il ne rejeta pas l'invitation mais répondit qu'il « n'avait pas envisagé » qu'une délégation russe soit présente à Washington pour une telle occasion. Il paraissait satisfait de l'appel du président américain, même s'il tenait à faire sentir nettement sa différence de point de vue. Il critiquait toujours clairement l'intervention alliée « mais en réalité son soutien à Belgrade, selon un responsable européen, ressemblait à la corde soutenant un pendu. Milosevic exaspérait Moscou et pour le Kremlin la Serbie était diplomatiquement devenue un fardeau ».

L'administration Clinton s'employait patiemment à renouer les fils du dialogue avec les Russes. Le vice-président Al Gore avait téléphoné longuement à Primakov, le 6 avril, et quelques jours plus tard Madeleine Albright rencontrait à Oslo, le 13 avril, son homologue Igor Ivanov.

CHAPITRE XIII

Le mardi 20 avril, Tony Blair effectua une visite éclair au siège de l'Otan à Bruxelles. Il affirma que les alliés allaient poursuivre leur offensive jusqu'à ce que Milosevic « tombe » (*does step down*).

La formule était dure, à l'image des positions prises par Blair depuis le début du conflit. Il était « le faucon » au sein de l'Alliance, un « croisé » qui estimait que la crédibilité et l'avenir de l'Otan se jouaient sur ce conflit. « C'était le message qu'il martelait constamment, explique un officiel anglais, dans les conversations avec ses pairs, en Europe et aux Etats-Unis. » Clinton, beaucoup plus indécis, était selon un témoin « impressionné » par la détermination et la vitalité du Premier ministre anglais.

Il existait un étrange parallèle entre l'attitude de Blair à l'égard de Clinton, sur le dossier du Kosovo, et la position de Margaret Thatcher envers George Bush lors du conflit du Golfe.

152

Peu après l'annonce de l'invasion du Koweït par les forces irakiennes, en août 1990, le président américain avait rencontré le Premier ministre britannique, à Aspen, au Colorado. Elle l'avait accueilli par ces mots : « George, Saddam Hussein n'en restera pas là. Nous devons immédiatement le stopper. »

C'est au cours de leur conversation qu'avait été évoquée pour la première fois l'idée d'une réplique internationale face à l'agression de Bagdad. Bush lui avait d'ailleurs demandé, préoccupé : « Croyez-vous que les Français nous suivront ? » Elle avait souri : « Au début peut-être pas, mais si vous leur parlez avec fermeté, ils se rangeront à vos côtés. » Pour Bush les relations spéciales entre Washington et Londres constituaient les fondements sur lesquels il pourrait bâtir une vaste coalition.

Autre élément important, à l'époque l'Amérique se trouvait à la tête d'un arsenal gigantesque, sans équivalent dans le passé. Une telle puissance militaire résultait du formidable effort de réarmement entrepris durant les années Reagan. Comme le disait un expert : « Même si nous perdions dans cette guerre 1 000 chars M1, ce qui est impensable, il ne faudrait pas pour autant relancer la production de ce modèle. L'armée en possédait encore plus de 7 000, de quoi faire face à toutes les crises qui pourraient survenir. »

De même, lorsque le général Norman Schwarzkopf, futur commandant de la coalition alliée, avait été reçu par Bush et que ce dernier avait demandé : « De quels effectifs aurez-vous besoin ? », le général lui avait répondu :

– Dans le cadre d'une opération strictement défensive, 700 avions, plus de 140 000 hommes et plusieurs dizaines de navires. »

Sa demande avait été immédiatement acceptée. Quelques mois plus tard la coalition alliée comptait 500 000 hommes et 2 700 avions.

Neuf ans plus tard, Blair manifestait la même impatience et la même détermination que la Dame de fer. Son sourire aimable servait à dissimuler un tempérament de carnassier. « C'est un dur à principes », selon un de ceux qui le côtoient fréquemment.

Lors de sa visite éclair au siège de l'Otan, à Bruxelles, les éventuels progrès militaires le préoccupaient beaucoup moins que le véritable naufrage, selon lui, de l'Alliance en matière de communication de crise. Il avait d'ailleurs donné l'exemple en prononçant devant la presse une intervention musclée qui s'était conclue par : l'offensive alliée se « poursuivra jusqu'à ce que Milosevic tombe ».

Peu auparavant, au cours de ses entretiens avec le secrétaire général de l'Otan Javier Solana et le commandant suprême Wesley Clark, il avait déclaré avec fermeté et conviction que l'ampleur prise par la crise des réfugiés et le succès incertain de la campagne aérienne exigeaient que l'on envisage à nouveau l'envoi de troupes au sol. Blair, s'appuyant sur les études que lui avait transmis son chef d'état-major, Sir Charles Guthrie, estimait que les chiffres avancés par le Pentagone et l'Otan, l'envoi de 200 000 hommes pour mettre fin au conflit, dans le cadre d'une offensive militaire contre la Serbie, étaient considérablement exagérés. « Mais nous devons, aurait-il dit, prendre une décision rapidement. Sinon les troupes ne pourront pas être déployées sur le terrain avant l'automne, et l'hiver survient très tôt dans les Balkans. »

Pendant ce temps, Alistair Campbell, le gourou de Blair en matière de communication, s'employait à renforcer l'équipe autour du porte-parole Jamie Shea. En quelques jours une vingtaine d'experts, presque en totalité anglais ou américains, travaillaient à fournir aux journalistes « de bonnes histoires » plutôt que les faits exacts. Un diplomate faisait remarquer : « l'idéal serait que cette cellule fournisse des articles clé en main, rédigés dans toutes les langues des pays de l'Alliance, italien, français, turc, espagnol, pour que les médias diffusent enfin la bonne parole ».

Le propos se voulait ironique mais n'était probablement pas si éloigné des objectifs de Blair. Le Premier ministre et son équipe, dès le début du conflit, avaient critiqué les reportages de l'envoyé spécial de la BBC à Belgrade, jugés trop favorables aux Serbes.

Les initiatives de Blair soulignaient indirectement un point crucial. Ce n'était pas seulement l'Otan, mais la Maison-Blanche qui

155

faisait preuve d'amateurisme en matière de communication. Clinton et son équipe donnaient l'impression d'être le dos au mur, indécis, subissant les événements même si un de ses proches collaborateurs affirmait : « Clinton est meilleur communicateur que n'importe qui. Souvenez-vous que Nixon avait réussi à présenter la future chute de Saïgon comme une paix dans l'honneur ; alors il n'y a aucun doute que le président pourra vendre à l'opinion n'importe quelle solution, diplomatique ou militaire. »

La comparaison, là encore, avec la guerre du Golfe est accablante pour l'administration en place.

Les hommes d'image et de communication, dans l'entourage de Bush, considéraient que cette guerre devait être menée à la fois comme une campagne politique et une opération de relations publiques. Il s'agissait « de faire passer un certain nombre de messages » et de « vaincre », sur le terrain de la guerre psychologique, un adversaire.

Un système extrêmement efficace avait été mis au point. Il reposait sur une cellule spéciale, coordonnée par Robert Gates, le numéro deux du Conseil national de sécurité et futur directeur de la CIA. Il travaillait avec un certain nombre d'experts du Pentagone, du département d'Etat et de la CIA à l'élaboration de « messages du jour ».

Il s'agissait de formules, les plus convaincantes possibles, destinées à crédibiliser au maximum l'action du président et de son administration, ou à renforcer l'hostilité envers Saddam Hussein. Ces messages étaient soumis chaque matin à l'approbation de Bush et le porte-parole Marin Fitzwater était chargé ensuite de les tester auprès de la presse. Hors caméras, il évaluait les réactions des journalistes et revenait ensuite dans le bureau ovale faire son rapport. Les phrases qui semblaient les plus accrocheuses étaient transmises aux porte-parole du Département d'Etat et du Pentagone. Au cours de leurs exposés quotidiens devant la presse, et cette fois devant les caméras, ceux-ci lâchaient ces formules destinées à être reprises dans les journaux télévisés du soir.

Ainsi, quand les Irakiens avaient diffusé les images de pilotes prisonniers, et supposés torturés, une des formules élaborées en réplique avait été : « Saddam sera puni pour crime de guerre. »

Parallèlement à ces messages, des « points de discussion » étaient faxés tous les jours, à travers les Etats-Unis, aux décideurs importants, favorables à l'Administration. Hommes d'affaires, personnalités politiques, et du spectacle, télévangélistes, recevaient des mémos avec un certain nombre d'argumentaires, et la consigne mentionnée en toutes lettres : « N'oubliez pas d'évoquer ces points, que se soit au cours d'un cocktail party ou d'une réunion de direction. »

L'image de Bush était traitée avec le même soin. Il devait apparaître comme un président calme et résolu.

Depuis le début de la crise, les dirigeants américains attachaient une grande importance aux dimensions psychologiques. Conserver une opinion publique unie dans la guerre jusqu'à la défaite totale de l'Irak était la priorité absolue, plus encore un dogme édicté par la Maison-Blanche et dont les responsables du Pentagone avaient peaufiné la mise en application. « L'objectif, confiera un officiel, était de conserver un contrôle total et constant sur le déroulement de la guerre, en imposant des restrictions à la presse. »

La plupart des appareils américains qui décollaient pour des missions de bombardements possédaient des caméras. Il avait été prévu de sélectionner et de diffuser chaque jour à la presse les séquences montrant les plus beaux tirs au but. L'Amérique et le monde ne verraient ainsi que des missiles et des bombes atteignant leurs objectifs et ces démonstrations d'extrême précision devaient permettre de renforcer encore la confiance de l'opinion, dans une guerre menée avec une telle maîtrise technologique.

« Il fallait absolument, selon un expert militaire américain, que ce soit le premier conflit où l'on ne compterait pas chaque jour des cadavres, comme au Vietnam, mais seulement des carcasses d'avions, de chars, de batteries d'artillerie ennemies. »

Le scénario du conflit au Kosovo suivait un déroulement absolument opposé. Les centaines de milliers de réfugiés, dont les images apparaissaient chaque soir sur les écrans du monde entier, prouvaient que les forces serbes étaient en mesure de continuer à vider le pays. Par contre, aucune preuve visuelle ne démontrait l'affaiblissement ou la destruction du potentiel militaire yougoslave. Les soldats de Belgrade, camouflés, dispersés, comme leur matériel, rendaient vaine et impossible toute déclaration victorieuse.

Le porte-parole de la Maison-Blanche, Joe Lockhart, en poste depuis six mois, reflétait parfaitement le malaise grandissant au sein de l'équipe Clinton. Tendu, le sourire rare, le propos souvent vague, il traduisait involontairement mais éloquemment l'embarras de l'homme qui occupait le bureau ovale.

Il était d'autant plus facile de faire passer l'image d'un Bush déterminé que cette attitude, en politique étrangère, correspondait à la réalité. Le président n'était pas un personnage porté à l'introspection. Il ne s'interrogeait plus sur ses choix une fois qu'il avait tranché. Clinton, lui, avait longuement hésité avant d'autoriser l'envoi en Albanie de 24 hélicoptères apaches « tueurs de chars », réclamés par Wesley Clark. Il avait questionné ses collaborateurs, écouté les opinions hostiles émises par l'armée de terre, responsable de ces appareils et de la logistique qui l'accompagnait. « Entre l'US Air Force et l'armée de terre, les couteaux étaient tirés », dira un observateur. L'indécision du commandant en chef des armées exacerbait cette tension traditionnelle. Le président américain avait fini par dire à

159

Cohen et Shelton, convoqués dans son bureau :
« Je suis d'accord pour qu'on les envoie. »

Clark et son adjoint le général allemand
Naumann voulaient les utiliser pour détruire
les batteries d'artillerie yougoslaves, installées
le long de la frontière avec l'Albanie. Ces appareils n'ont toujours effectué aucune mission.
Clinton s'y opposa après la perte de deux
d'entre eux, officiellement au cours de
manœuvres d'entraînement.

« Les seules cibles touchées par les raids de
l'Otan, portées à la connaissance du public, ce
sont les erreurs de tirs ayant provoqué la mort
de civils », faisait remarquer un expert.

C'était vrai et cette réalité rendait de plus en
plus nerveux les responsables militaires. En
voulant détruire la télévision yougoslave,
Clark avait probablement comme objectif de
supprimer les images gênantes de ces bavures,
diffusées avec complaisance par les médias de
Belgrade.

Les responsables en communication, qui
évaluaient les déficiences de l'Otan, rappelaient une anecdote éclairante survenue pendant la guerre du Golfe. Douze Marines
avaient été victimes d'une erreur de bombardement. Au cours du point de presse quotidien, tenu à Riad, le général Norman
Schwarzkopf était apparu en personne bran-
dissant une vidéocassette. Il lança aux journalistes, d'un ton jovial : « Je vais vous montrer
aujourd'hui l'homme le plus chanceux
d'Irak. »

Les images avaient été prises d'un avion attaquant un pont.

On voyait l'appareil lancer ses bombes à laser et ces dernières toucher l'ouvrage en plein milieu, à quelques mètres d'une camionnette qui venait de traverser, indemne. « Incroyable, non », disait Schwarzkopk en prenant à témoin les journalistes.

Il fit repasser la cassette, d'abord à vitesse normale, puis au ralenti, tandis qu'il détaillait les points d'impact, la précision des tirs. Ensuite, il évoqua la chance stupéfiante du chauffeur irakien d'avoir eu affaire à de telles armes. Après une vingtaine de minutes de commentaires, il leva la réunion. Juste avant de partir il mentionna : « Les Marines ont perdu 12 hommes tués en action. » Le soir même, toutes les chaînes de télévision diffusaient abondamment les images du pont attaqué et ne mentionnaient que brièvement la mort des douze soldats.

La règle édictée et appliquée avec brio par Schwarzkopf était : « évoquer le moins possible le facteur humain et le plus souvent possible le facteur technologique ».

Ces principes étaient absolument inapplicables dans le conflit des Balkans : le facteur humain, la détresse des réfugiés, occupait le devant de la scène et les bavures survenues soulignaient les déficiences de la technologie.

161

CHAPITRE XIV

Les cérémonies marquant le cinquantième anniversaire de l'Otan devaient s'ouvrir à Washington le vendredi 23 avril. Tony Blair arriva dans la capitale fédérale dès le mercredi 21. Dans un entretien téléphonique avec Bill Clinton, survenu quelques jours plus tôt, il demandait à le rencontrer avant que ne débute le sommet. Le président américain lui avait proposé un « dîner de travail », le soir même de son arrivée.

« Les Américains, dira un officiel anglais, connaissaient dans les grandes lignes ce que Blair allait leur dire, mais ils ne soupçonnaient pas le ton sur lequel il allait le formuler. »

Cette soirée à la Maison-Blanche fut un moment étrange au cours duquel le Premier ministre anglais se transforma en prêcheur inspiré. Madeleine Albright et Sandy Berger, assis sur un sofa, assistaient à l'entretien.

« Nous avons besoin d'un plan qui aboutisse à un succès, aurait déclaré Blair avant d'ajouter avec conviction : Ce conflit est un défi moral lancé à notre génération. Aujourd'hui la souveraineté nationale est moins importante que le respect des droits humains et la prévention des génocides. C'est le double objectif de l'intervention militaire actuelle. »

Clinton et Albright hochaient la tête, approbateurs, Berger, lui, restait impavide. « Stopper le nettoyage ethnique qui se déroule au Kosovo, poursuivait Blair, serait le plus beau symbole et le plus magnifique des mémoriaux pour marquer ce cinquantième anniversaire de l'Otan. »

Le Premier ministre évoqua ensuite les rapports les plus récents que lui avaient transmis les services secrets anglais. Selon les informations recueillies, le pouvoir de Milosevic s'effritait : il avait limogé et placé en état d'arrestation plusieurs généraux, par crainte d'un coup d'État ; certains de ses proches s'opposaient désormais ouvertement à sa politique, tandis que ses troupes au Kosovo étaient affaiblies par des vagues de désertion.

Pour Blair, la menace militaire serbe était exagérément grossie : les 43 000 hommes stationnés au Kosovo étaient « peu motivés, pauvrement équipés » et une intervention terrestre de la part des alliés ne représenterait pas le coefficient de risques si souvent évoqué. Selon lui, le chiffre de 200 000 hommes avancé pour lancer une opération était disproportionné. Il estimait que des effectifs réduits de plus de la moitié suffiraient amplement. La Grande-Bretagne se déclarait prête à fournir plus de 35 % de l'ensemble du contingent. Ces troupes seraient prélevées en partie sur la première division blindée, stationnée en Grande-Bretagne et en Allemagne.

Sandy Berger, jusqu'ici silencieux, prit alors la parole.

– Mais monsieur le Premier ministre, il serait impossible à des forces de l'Otan d'entrer au Kosovo sans un accord de Milosevic.

Blair répondit d'un ton sec :

– Milosevic ne doit pas avoir un droit de veto sur ce que nous décidons de faire.

La remarque de Berger ramenait à un débat de fond qui divisait depuis le début du conflit les responsables alliés : les troupes de l'Otan devaient-elles intervenir, sur le territoire d'un Etat souverain, dans un environnement « permissif » ou « non permissif ». En langage clair, cela signifiait : auraient-elles à combattre ou seulement à se déployer ?

Le Premier ministre anglais estimait que ce point pouvait être aisément tranché et contourné : à ses yeux une force de protection internationale pouvait être déployée, même s'il n'existait pas d'accord formel de Belgrade, dans la mesure où « elle ne rencontrerait aucune résistance sur le terrain ».

L'argument ne convainquit qu'à moitié ses interlocuteurs américains. Clinton, outre ses appréhensions sur les pertes en vies humaines, estimait qu'annoncer une telle mesure serait reconnaître explicitement que la campagne de frappes aériennes avait échoué. Le chef de la Maison-Blanche n'était pas encore disposé à l'admettre.

Après trois heures de discussion, les deux amis durent admettre que l'écart entre leurs positions restait extrêmement large. Blair voulait profiter du sommet qui allait s'ouvrir pour relancer les discussions entre responsables alliés sur l'envoi des troupes. Clinton, lui, ne voulait à aucun prix d'un tel débat, qui ternirait le consensus espéré par l'administration américaine. Le chef de l'exécutif déclara en conclusion au Premier ministre de Sa Majesté d'un ton amical mais ferme : « Ce n'est pas le bon moment pour parler des troupes terrestres. »

« Il ne voulait à aucun prix, selon un collaborateur du Département d'Etat, que ce sujet domine les trois jours du sommet, qui s'ouvrait dans les plus mauvaises conditions. Ce cinquantième anniversaire devait initialement permettre de réaffirmer le rôle central de l'Otan, dans le paysage mondial de l'après-guerre froide et célébrer son élargissement. Au lieu de cela, l'Alliance affrontait le premier conflit de son histoire et sa puissance militaire, destinée à stopper une offensive soviétique, était incapable de vaincre un pays de 10 millions d'habitants. »

Les cérémonies prévues avaient été annulées ou revues à la baisse. Le port du smoking avait été supprimé des deux dîners officiels organisés à la Maison-Blanche, au profit du costume cravate, projetant une image plus sobre et moins frivole.

L'ouverture des cérémonies coïncidait pratiquement, à un jour près, avec le deuxième mois du déclenchement des frappes aériennes. 3 000 raids s'étaient succédé au-dessus de la Serbie.

2 000 journalistes étaient présents dans la capitale américaine, et l'auditorium Andrew Mellon, où se déroulaient la cérémonie d'ouverture et les séances de travail, avait été transformé en un véritable camp retranché. C'était dans le même lieu, situé face au musée national d'Histoire américaine, que cinquante années auparavant, le 4 avril 1949, avait été signé l'acte de naissance de l'Otan.

Comme le faisait remarquer un observateur, « la menace soviétique avait disparu sans avoir été vaincue et désormais les futurs conflits, le Kosovo le démontrait, seraient régionaux. La donne était totalement changée, sauf sur un point : quelles que soient la nature et l'intensité du conflit, les Européens demeuraient toujours aussi dépendants militairement du soutien américain ».

« L'Alliance accueillait trois nouveaux pays membres, la Hongrie, la Pologne et la république tchèque, qui avaient appartenu pendant 45 ans à l'organisation ennemie du Pacte de Varsovie. Moscou avait d'ailleurs exercé des pressions pour que ces pays ne participent pas au sommet. Le Premier

166

ministre hongrois, Viktor Orban, dont le pays possédait une frontière commune avec la Yougoslavie, venait d'ailleurs d'accepter que les avions de l'Otan opèrent à partir de trois aéroports militaires installés sur son territoire. Une décision difficile à prendre pour Budapest, soumise aux démarches réitérées de Washington.

« Y penser constamment, mais ne pas en parler souvent. » Ce principe fut soigneusement respecté, pendant la durée du sommet. « Les 42 dirigeants présents partageaient les mêmes interrogations quant à l'avenir du conflit au Kosovo, selon un participant, mais en hôtes bien élevés, ils évitaient d'exposer leurs doutes. »

Tim Weiner publia dans le *New York Times* du 25 avril un remarquable article qui montrait à quel point la tragédie qui se déroulait dans les Balkans constituait la toile de fond du sommet qui se tenait à 6 000 kilomètres de là.

« Jeudi 22 avril, 20 h 10. Le président Clinton, seul à la Maison-Blanche, relit le texte des discours qu'il prononcera lors du sommet. Au même moment, le bâtiment de la télévision d'Etat, à Belgrade, explose, détruit par des missiles de l'Otan.

« Vendredi 23, 7 h 30, Washington. Des limousines noires transportant des chefs d'État et de gouvernement traversent à toute allure le centre-ville, en direction de la Maison-Blanche, tandis que des tracteurs de cou-

167

leur verte chargés de réfugiés progressaient lentement en direction de la ville frontière de Lipkovo en Macédoine. Un de ces réfugiés, un vieil homme du nom de Rifat Bajrami, confiait : « Les Serbes m'ont traité comme une bête. Pour quelle raison ? Quel mal leur ai-je fait ? Un homme passe sa vie entière à bâtir son foyer puis sa vie est détruite par une haine irrationnelle.

« A 9 h 30, pendant que les sauveteurs fouillaient dans les décombres de l'immeuble de la télévision (...) Clinton ouvrait le sommet en critiquant Slobodan Milosevic.

« Les forces de M. Milosevic brûlent et pillent les maisons et assassinent des personnes innocentes. Nos forces apportent de la nourriture, des abris et de l'espoir à ces réfugiés. M. Milosevic attise les flammes de la colère entre les nations et entre les peuples. Le leader serbe, ajoute-t-il, ne connaît qu'un seul moyen pour parvenir à ses objectifs, au travers de la force.

« Tandis que Clinton parlait, Branko Novakovic, un ancien diplomate à la retraite, qui conservait des souvenirs agréables de ses neuf années passées à Washington, observait de la fenêtre de son appartement, situé au septième étage, les ruines de l'ancien siège du Parti communiste, frappé par l'Otan dans la nuit de mercredi. »

M. Novakovic, âgé de 78 ans, réveillé vendredi matin, après une nuit ponctuée d'explosions, apprit à la radio la destruction de la station de télévision. Bilan : 12 morts et de nombreux disparus.

« Ce sont de très mauvaises nouvelles, confie-t-il au téléphone. Des bombardements par-ci, des bombardements par-là. Beaucoup de gens vivent dans des abris, dans des conditions très dures, et ils sont très dépressifs, dans une très mauvaise condition psychologique. Ils ne savent pas ce qui les attend le jour suivant. Ils vivent dans la peur. Quelques-uns ne peuvent pas le supporter. Les bombardements se poursuivent et ils ne comprennent pas pourquoi.

« Ils ne sont pas coupables, ajoute-t-il. Ils ne s'attendaient pas à une telle attitude de la part de pays qu'ils considéraient comme des amis et qu'ils aimaient. Maintenant ils commencent à les haïr. »

Quand on lui rapporte les paroles prononcées par Bill Clinton au cours de son discours d'ouverture, il répond : « Quoi qu'il pense et quels que soient ceux qu'il blâme, la voie choisie n'est pas la bonne. Nous n'avons aucune idée de ce qui se passe sur le terrain au Kosovo. Mais maintenir une population entière en état de siège, depuis si longtemps, c'est horrible, ce n'est pas humain. »

Peu après 13 h, à Washington, les dirigeants présents commencèrent à prononcer leurs discours. L'intervention de loin la plus brève fut celle du Premier ministre grec, Costas Simitis. La Grèce est moins qu'enthousiaste face à la guerre aérienne menée par l'Otan. L'intervention de Simitis était une sorte de parabole.

« Mesdames et Messieurs, 50 ans auparavant, en 1949, les troupes gouvernementales pénétrèrent dans un village grec et tuèrent deux jeunes gens. Lorsqu'on leur demanda pourquoi, ils répondirent : c'étaient des communistes bulgares. Deux jours plus tard, les forces rebelles vinrent à leur tour et tuèrent également deux jeunes. Questionnés, ils répondirent : c'étaient des fascistes américains. L'Otan doit continuer à incarner l'effort engagé pour en finir avec de telles pratiques et de telles mentalités. L'Otan devrait permettre de garantir la coopération, la paix et la prospérité. Je pense que c'est là un grand objectif et nous devons nous atteler à cette tâche. »

Bill Clinton cita un discours prononcé en 1949 par le secrétaire d'Etat Dean Acheson, dans lequel il espérait que la création de l'Otan « libérerait les esprits des hommes, dans de nombreux pays, d'un sentiment obsédant d'insécurité ».

A 15 h, les dirigeants avaient achevé leurs interventions, et des réfugiés originaires d'un village de 800 maisons, du nom de Malisevo, s'endormaient dans des couvertures, sur une décharge récemment nettoyée. Ils venaient d'arriver au camp de réfugiés de Neprosteno, en Macédoine. Ils racontèrent leur histoire à Ben Ward, un enquêteur travaillant pour l'organisation « Human Rights Watch ».

Les escadrons paramilitaires serbes étaient entrés dans le village. Ils avaient volé tout ce qu'ils trouvaient et séparé les jeunes des personnes âgées. « Les jeunes reçurent l'ordre de se tenir la face contre terre, les mains derrière la tête. Les paras militaires, masqués, sortirent une liste de noms et demandèrent aux captifs de leur fournir des renseignements, sinon ils seraient tués. Deux hommes âgés de 18 et 20 ans furent abattus. Un autre homme, âgé de 34 ans, reçut l'ordre de les enterrer, en creusant une tombe avec ses mains. »

« Ce qui transparaissait très fortement, à travers ces témoignages c'est le sentiment de terreur absolue éprouvé par les gens », déclarait Ben Ward, joint par téléphone à Skopje.

Il était 16 h 15 à Washington quand les sirènes annonçant les raids aériens déchirèrent la nuit de Belgrade.

Quelques minutes plus tard un nuage d'étincelles et un énorme coup de tonnerre s'abattirent sur la Maison-Blanche, éteignant les systèmes d'alarme dans les rues d'une capitale placée en état d'alerte maximum contre les attaques terroristes.

A 16 h 40, le chef du Conseil national de sécurité, Sandy Berger, annonça que les responsables du pays de l'Otan avaient accepté que les frappes soient accentuées contre les structures politiques, militaires et économiques du pouvoir de Milosevic, ce qui signifiait davantage de bombes et de missiles lancés sur Belgrade.

Au même moment dans la capitale yougoslave, Gordana Ristic, 33 ans, se préparait à passer une nouvelle nuit dans l'abri aménagé dans les sous-sols de son immeuble, situé à un kilomètre environ du cœur de Belgrade.

« La nuit dernière c'était vraiment horrible, confia-t-elle au téléphone. Après 2 heures du matin les explosions se succédaient, entre-coupées chacune de quelques minutes. Ce matin je me suis réveillée dans une situation totalement étrange. Je suis allée à mon tra-vail, je m'occupe de relations publiques et de marketing, dans le centre-ville et je regardais autour de moi pour voir si tout était toujours à sa place.

« Je pensais, peut-être est-ce mon dernier jour. Demain les choses ne seront plus là, mes plantes, mes ordinateurs... »

Alors que Gordana s'endormait, les chefs d'État et de gouvernement dînaient, à la Mai-son-Blanche. Au menu : crabe et agneau de printemps. Au dessert : une pièce de chocolat en forme de globe suivie d'un concert de la cantatrice Jessye Norman.

Il était près de minuit quand la dernière limousine quitta la Maison-Blanche. A Bel-grade les sirènes annonçaient la fin des alertes aériennes. Un jour gris se levait sur les Balkans. Des gens gravissaient des mon-tagnes et commençaient à gagner la mosquée de Lipkoy.

Samedi matin, à Washington, un porte-parole de l'Otan énumérait la liste des cibles détruites pendant la nuit : une raffinerie de

pétrole, un aéroport, un pont, une tour de la
télévision. Et dans le jour déclinant, à Belgrade, une équipe fouillait les décombres de
la station émettrice, à la recherche des disparus et des morts.

CHAPITRE XV

Le sommet s'acheva le dimanche 25 avril dans l'après-midi. Le consensus avait été préservé, l'unanimité maintenue entre les alliés. Du moins en apparence.

Les responsables américains s'étaient employés subtilement mais fermement à faire passer un message à l'intention de leurs partenaires, tout au long de ces trois jours : « les Balkans sont un problème européen et nous aurions été ravis que vous le preniez en main. Alors, de grâce ne critiquez pas notre action ».

Certains vétérans de la diplomatie rappelaient la réaction de l'ancien secrétaire d'Etat de George Bush, James Baker, au terme d'une visite en Yougoslavie, huit ans plus tôt, alors que le pays commençait à se disloquer : « Nous n'avons pas d'intérêt dans ce conflit. »

Un diplomate américain, qui participait aux négociations avec les alliés, dans le cadre de l'Otan, confiait : « J'entends souvent des responsables européens déclarer à propos de la crise au Kosovo : " quelle occasion manquée pour l'Europe " ! C'est un parfait exemple de coquetterie et d'hypocrisie. Si l'Europe prétend

174

affirmer son identité et sa cohésion en matière de Défense, qu'elle le fasse. Mais à la vérité les pays européens n'en ont pas la volonté et sont dépourvus de moyens militaires nécessaires. »

Au cours des discussions à Washington, l'éventualité d'un blocus pétrolier contre la Yougoslavie avait été envisagé. Les deux principales raffineries et plusieurs dépôts avaient été détruits et les témoignages indiquaient que les militaires, au Kosovo, siphonnaient l'essence des voitures appartenant aux réfugiés pour remplir les réservoirs des véhicules de l'armée et même des tanks. Ces indications, fournies par les services de renseignements américains, tombaient à point, même si rien ne permettait officiellement de les contrôler, pour souligner l'efficacité croissante des bombardements.

Les ports du Monténégro, notamment celui de Bar, accueillaient de nombreux tankers, chargés d'essence. La plupart des navires assurant cet approvisionnement battaient pavillon russe, et Jacques Chirac mit en garde contre les risques de dérapage en cas d'interception par les bâtiments de l'Otan. « Si nous faisons le choix d'un tel blocus, avait-il déclaré, il nous faut admettre que nous courrons le risque d'une guerre avec un pays tiers qui n'aurait pas accepté le blocus. Une telle décision exige un mandat de l'Onu. »

L'argument parut recevable à beaucoup même si dans l'entourage du ministre de la Défense américain, William Cohen, certains

175

estimaient qu'il était « inutile de recourir à une résolution du Conseil de sécurité. Les lois d'un conflit armé justifient un embargo ».

Le projet fut officieusement écarté. Chacun redoutait les risques d'un affrontement avec Moscou. En réalité, montrer du doigt la Russie permettait de masquer une autre réalité plus embarrassante : les navires de plusieurs pays membres de l'Otan continuaient d'approvisionner Belgrade en carburant.

C'était le cas de sept tankers qui déchargeaient, au mois d'avril, leur cargaison au port de Bar. Deux d'entre eux battaient pavillon britannique, le troisième était hollandais. Les quatre autres navires appartenaient à une famille d'armateurs grecs. Selon les rapports des services de renseignements, certains de ces navires effectuaient des rotations régulières et le volume total de carburant fourni par l'ensemble des bateaux appartenant à des pays de l'Alliance atlantique dépassait légèrement les fournitures en énergie assurées par la Russie.

Bill Clinton s'attendait à ce que Jacques Chirac, comme Tony Blair, plaide dès son arrivée à Washington en faveur d'un déploiement terrestre. Le président français partageait les vues du Premier ministre britannique qui affirmait en coulisses : « Je ne sous-estime pas les difficultés que rencontreraient sur le terrain des forces confrontées à une résistance serbe, même affaiblie, mais nous devons également dire clairement que cette force militaire internationale sera employée pour permettre aux réfugiés de regagner leurs foyers. »

Jacques Chirac ne rouvrit pas ce dossier mais il plaida avec force pour la recherche d'une solution négociée, à laquelle la Russie et l'Onu seraient associées.

Le dimanche 25 avril, en fin d'après-midi, alors que les derniers avions, transportant des chefs d'Etat et de gouvernement décollaient de Washington, Bill Clinton reçut un long appel téléphonique de Boris Eltsine. La Russie avait été la grande absente de ce sommet. La conversation entre les deux hommes dura 90 minutes.

Le président russe, selon un des collaborateurs du chef de l'exécutif américain, « voulait pousser la porte et entrer. Il n'était pas prêt à admettre que la pièce continue de se jouer sans lui ».

Eltsine voulait avant tout discuter avec Clinton de la récente visite à Belgrade de son envoyé spécial, Viktor Tchernomyrdine, autrefois Premier ministre. Selon le président russe, Milosevic, au cours de la discussion, avait consenti à de réelles concessions qui pourraient constituer les éléments d'un accord de paix.

« "Il y a un accord des Serbes, aurait-il ajouté, pour autoriser le retour des réfugiés et retirer leurs forces du Kosovo." »

Questionné par Clinton, Eltsine se montra incapable d'expliquer ce que signifiait vraiment la formule « le retrait des forces serbes ». Il ajouta peu après que Milosevic avait donné son accord au déploiement d'une « présence internationale sous l'égide des Nations unies », dont la Russie serait un élément clé. Là encore le terme de « présence » restait vague et le président russe ne pouvait préciser s'il s'agissait d'observateurs armés ou de soldats...

Ces propositions étaient de toute façon largement en retrait par rapport aux cinq exigences présentées par l'Otan comme constituant le préalable à tout accord : cessez-le-feu, retrait des troupes serbes, déploiement d'une force internationale au Kosovo, statut d'autonomie pour la province et retour total des réfugiés.

Bill Clinton proposa à Boris Eltsine d'envoyer immédiatement à Moscou, le secrétaire d'Etat adjoint, Strobe Talbott, pour qu'il puisse rencontre Viktor Tchernomyrdine et l'interroger en détail sur sa mission à Belgrade. Eltsine accepta et il fut décidé que le numéro 2 de la diplomatie américaine partirait pour Moscou dès le lendemain.

« Je suis désireux, monsieur le président, ajouta Clinton, de maintenir les lignes de communications ouvertes entre la Russie et les Etats-Unis, au plus haut niveau. »

En terminant la conversation Boris Eltsine lança au président américain : « La prochaine fois c'est vous qui m'appelez », et il ajouta d'un ton presque péjoratif : « faites-le quand vous aurez enfin réfléchi. »

Le voyage de Strobe Talbott devait avant tout, aux yeux des Américains, permettre d'évaluer l'impact exact des frappes aériennes sur Milosevic. « Nous voulions savoir s'il souffrait encore en silence ou s'il commençait à gémir », ironisait un expert du Pentagone.

Il fallait à tout prix, pour Bill Clinton, effacer le passif récent surgi entre les Etats-Unis et la Russie. Moscou pouvait jouer un rôle clé dans les négociations avec Belgrade. « Plus les semaines passaient, plus les bombardements s'intensifiaient, selon un de ses proches, et plus il commençait à se persuader que Milosevic, les reins brisés, finirait par céder et ouvrirait des pourparlers. »

L'intervention de Moscou revêtait alors tout son prix. Signe de cette confiance renouée, au lendemain de la conversation entre Eltsine et Clinton, le vice-président américain, Al Gore, téléphona à l'émissaire russe sur le Kosovo, Tchernomyrdine, au moment même ou le numéro deux de la diplomatie américaine, Strobe Talbott, se préparait à décoller pour Moscou afin de le rencontrer. Tchernomyrdine annonça à Gore qu'il comptait se rendre au cours de la semaine à Berlin et à Rome et peut-être également dans d'autres capitales européennes, pour harmoniser les positions en vue d'un éventuel règlement.

A Washington, Clinton et ses principaux collaborateurs se montraient tout à fait satisfaits. « Les Russes, avait confié un membre de la Maison-Blanche, travaillent bien. Ils nous donnent toute satisfaction. » C'était une phrase empreinte d'une énorme naïveté.

179

Ce zèle méritait d'être récompensé. Clinton et Albright tombèrent d'accord pour estimer que le signal le plus favorable qui pourrait être envoyé à Moscou serait l'octroi de nouveaux crédits à un pays dont l'économie était totalement sinistrée et qui se révélait incapable de rembourser ses dettes.

L'administration américaine exerça alors d'énormes pressions sur le Fonds monétaire international pour qu'il mette au point et annonce dans les plus brefs délais l'octroi de plusieurs milliards de dollars à Moscou, sous forme de prêts. Mais tout cela ne modifiait guère l'état d'esprit de Boris Eltsine et de ses collaborateurs envers l'Occident. En privé, pour qualifier les pays du groupe de contact, le président russe déclarait : « les six criminels de guerre ».

L'effet des bombardements sur l'économie yougoslave était impressionnant. La plus grande partie du tissu industriel du pays, les routes, ponts, voies ferrées et autres moyens de communications étaient en grande partie détruits. Les deux principales raffineries alimentant la Yougoslavie étaient hors d'état de fonctionner.

Selon les évaluations, la destruction d'usines avait occasionné le chômage supplémentaire de plus de 40 000 travailleurs, s'ajoutant aux 500 000 personnes déjà sans emploi et aux 100 000 autres qui avaient émigré à l'étranger.

Le pays, déjà confronté à de graves difficultés économiques, se trouvait ramené trente ans en arrière. Les dommages se chiffraient à plusieurs centaines de millions de dollars, une évaluation bien entendu incomplète et provisoire.

Le PNB yougoslave par habitant était de 3 000 dollars en 1989. Les sanctions économiques instaurées en 1992 l'avaient fait chuter à 1 650 dollars en 1997. Selon le professeur Dinkic, coordonnant un groupe de 17 économistes, dont certains collaboraient au Fonds monétaire international et à la Banque mondiale, le PNB serait inférieur à 1 000 dollars (6 000 francs) lorsque le conflit se terminerait. Ces experts estimaient également que le niveau du chômage, officiellement de 27 %, doublerait en raison des destructions provoquées.

Pendant ce temps, les responsables militaires de l'Alliance dressaient un bilan « contrasté » de leur intervention. Apparemment les frappes aériennes avaient resserré les relations entre Milosevic et les responsables de son armée. Le contraire de ce qui était espéré. Aux yeux de la population, l'image de l'armée yougoslave s'était considérablement revalorisée. Un expert confiait : « l'armée n'apparaît plus, dans l'opinion, comme l'instrument au service de Milosevic. Elle est désormais le rempart défendant le pays contre une agression extérieure ».

Un responsable du Pentagone estimait que 10 à 20 % des 300 tanks présents au Kosovo avaient été détruits. Les forces serbes n'étaient plus en mesure de lancer des opérations d'envergure mais comme le mentionnait un expert : « ceci revêtait beaucoup moins d'importance pour eux désormais, puisqu'ils avaient atteint leur objectif : vider le Kosovo de sa population albanaise ».

Les militaires serbes adoptaient désormais une stratégie défensive : les troupes utilisaient les écoles, les hôpitaux, les fermes pour se dissimuler et camoufler leur matériel.

« Ils ont deux objectifs prioritaires, ajoutait un expert du Pentagone : 1 – se protéger des frappes aériennes. 2 – protéger leurs réserves en carburant. »

Pour les militaires américains une évidence s'imposait peu à peu : une guerre aérienne ne pouvait pas à elle seule faire plier un ennemi. « Souvenez-vous, confiait l'un d'eux, des leçons du Vietnam. Nos bombardements n'ont jamais stoppé l'acheminement des troupes et du matériel par la ligne Hô Chi Minh. » Et il ajoutait : « ce qui explique la résistance des forces serbes au Kosovo, c'est en partie le fait que les responsables des unités savaient qu'ils allaient essuyer une violente punition et qu'ils s'y étaient préparés ; ce n'est pas en trente jours que nous allions briser leur moral ».

Au terme d'un briefing tenu le 27 avril à Bruxelles, le commandant suprême de l'Otan, Wesley Clark, déclara :

« Vous allez peut-être découvrir qu'il [Milosevic] a renforcé ses capacités militaires là-bas. »

Le général reconnaissait implicitement que les forces serbes stationnées au Kosovo res-

taient aussi importantes que lors du déclenchement des frappes, six semaines auparavant, soit plus de 40 000 hommes.

Wesley Clark au cours de son intervention
ajouta : « [Milosevic] se renforce continuelle-
ment et c'est un phénomène qui se prolongera
jusqu'au moment où nous aurons coupé ses
lignes d'approvisionnement et agi plus inten-
sément contre ses forces. » Le chef de l'Otan
apportait des précisions importantes : « Ils se
sont renforcés au cours des trois ou quatre
derniers jours grâce à l'arrivée de réservistes
récemment mobilisés qui compensent les
pertes essuyées au combat ; ils se renforcent
également grâce à l'assistance constante et aux
déplacements d'éléments de la seconde armée
yougoslave basée au Monténégro, qui intervient militairement de l'autre côté de la frontière. »

« Nous frapperons, ajouta-t-il, systématique-
ment les structures et le pouvoir du président
Milosevic. Je ne peux pas prédire combien de
temps il endurera ce type de punitions. »

Clark révéla également que sur 35 jours de
bombardement, il avait fallu, pendant un total
de vingt jours, annuler 50 % des missions prévues, en raison du mauvais temps. Selon
Clark, 4 423 missions de bombardement
avaient rendu « inefficaces » les défenses
aériennes, détruit plus de 70 avions et 25 à
40 % des batteries de missiles yougoslaves.

Les systèmes militaires de communication
avaient essuyé des « dégâts modérés ou
sévères » et selon les collaborateurs du

commandant en chef de l'Otan, seul un tiers des réserves en carburant de l'armée avait été détruit.

D'après les estimations de Clark les Serbes avaient chassé 700 000 Albanais hors du Kosovo et 820 000 autres personnes se retrouvaient sans toit, errant à travers la province.

Le lendemain 28 avril, à Washington, la Chambre des représentants, au terme d'un vote, subordonnait un éventuel envoi de troupes terrestres au Kosovo à l'approbation du Congrès. 249 représentants avaient voté en faveur de cette mesure et 180 contre. Peu après une autre mauvaise surprise attendait la Maison-Blanche. Une résolution présentée par les démocrates et visant à apporter un soutien symbolique à la campagne aérienne déclenchée par le président était mise en échec. Les élus s'étaient divisés en deux moitiés égales : 213 contre et 213 pour.

Ce geste tombait au pire moment pour le président américain qui souhaitait préparer l'opinion américaine à une guerre longue et obtenir rapidement l'accord du Congrès pour débloquer 6 milliards de dollars de fonds supplémentaires pour financer le conflit.

Le chef de l'exécutif apparut quelques heures plus tard sur la pelouse du Rose Garden, située à l'arrière de la Maison-Blanche. Ses plus proches collaborateurs se tenaient en retrait, à quelques mètres, au pied des massifs de fleurs ou le long de la haie taillée avec soin. Dans une brève intervention devant les camé-

ras, Clinton évoqua le renforcement du potentiel aérien de l'Otan et ajouta que la campagne
aérienne, entravée par le mauvais temps au-
dessus de la Serbie et du Kosovo, connaîtrait
désormais un essor accru, grâce au ciel
dégagé. « Historiquement, déclara-t-il, le
temps est meilleur dans cette région en mai
qu'en avril, meilleur en juin qu'en mai, meilleur en juillet qu'en juin. »

Cette audacieuse projection météorologique
avait été élaborée comme un message compré-
hensible pour tous : le conflit pouvait durer
encore plusieurs mois et le président ne dévie-
rait pas de la stratégie choisie, des bombardements, uniquement des bombardements et
aucun homme sur le terrain.

Le même jour la Maison-Blanche affronta
un nouveau problème : le pasteur noir Jesse
Jackson, à la tête d'une délégation de dirigeants religieux, s'envolait pour Belgrade afin
de rencontrer les trois prisonniers américains
et de réclamer leur libération à Milosevic.

« C'est exactement le genre d'initiative que
nous redoutions et que Milosevic devait espé-
rer », confie un collaborateur à la Maison-
Blanche.

Jesse Jackson, ancien candidat à la présidence, était une personnalité à la fois
incontrôlable et incontournable. Il pouvait
influer de façon extrêmement importante sur
le vote d'une partie de la communauté noire
qui traditionnellement accordait ses suffrages
en majorité aux démocrates.

« L'ignorer était impossible, le froisser pouvait se révéler dangereux », selon un responsable démocrate. Tel était le dilemme auquel se trouvait confronté Bill Clinton. Les difficultés au sein de sa famille, provoquées par les remous de l'affaire Monica Lewinsky, avaient d'ailleurs conduit le président à faire appel au pasteur Jackson qui était devenu le « conseiller spirituel » des Clinton.

Personnalité constamment attirée par le devant de la scène et les caméras, il s'était spécialisé sur un double créneau peu fréquenté : la diplomatie parallèle et la libération de prisonniers américains détenus à l'étranger. En 1984, il avait obtenu de la Syrie la libération d'un militaire dont l'avion avait été abattu au Liban ; il avait convaincu Fidel Castro de relâcher 21 Américains et 26 Cubains emprisonnés. Beaucoup étaient « officiellement » inculpés pour trafic de drogue. Pendant la crise du Golfe il avait réclamé à Saddam Hussein le départ de 500 étrangers, retenus comme « invités » par le régime irakien.

« Je suis un communicateur » aime-t-il à se définir. Son voyage à Belgrade, organisé par l'ambassadeur de Yougoslavie aux Nations unies, Vladislas Jovanovic, et par le patriarche Pavle, la plus haute autorité de l'Eglise orthodoxe en Yougoslavie, était « une véritable écharde enfoncée sous l'ongle du président », selon un observateur.

Clinton avait tenté de le convaincre d'annuler ou de retarder sa visite. En vain. Son

« conseiller spirituel » lui avait fait part de l'anxiété des familles des soldats capturés, et de sa volonté de faire de cette visite un « catalyseur pour la paix ». « Nous lancerons, avait-il ajouté, un appel moral pour la libération de ces hommes. » Clinton lui avait rétorqué que cette visite risquait surtout d'envoyer un faux signal à Milosevic, en l'incitant à croire que les exigences mises en avant par l'Otan pour mettre un terme au conflit seraient discutables et négociables. Jackson lui répondit : « Il n'y aura pas de négociation avec le président Milosevic portant sur autre chose que la libération des prisonniers ou l'arrêt des bombardements. » C'était l'impasse.

Sandy Berger fut chargé de durcir le discours. Il reçut le lendemain Jackson et la délégation qui l'accompagnait. Il réaffirma la position de l'administration : « Nous préférerions que ce voyage n'ait pas lieu », puis il ajouta, pour décourager ou inquiéter l'assistance, « nous ne pouvons absolument pas garantir votre sécurité vis-à-vis des bombardements de l'Otan qui frapperaient Belgrade ».

Cette précision ne sembla pas refroidir la détermination de ceux qui l'écoutaient ; Jesse Jackson et ses pairs demeuraient inébranlables. Ils emmenaient avec eux des messages enregistrés par les familles des soldats ; l'un provenait du fils âgé de 4 ans de l'un des prisonniers. Ils insistèrent auprès de Berger sur cet aspect humain et émouvant, qui était selon eux la priorité de cette mission. Le chef du Conseil national de sécurité, au terme de

45 minutes d'entretien, baissa les bras et dut s'avouer vaincu.

La visite de Jackson à Belgrade se déroula exactement comme Clinton l'avait redouté. Slobodan Milosevic accueillit la délégation dans un des grands salons du palais présidentiel. Il était décidé à conférer le maximum d'éclat et d'écho à cette rencontre. Marie O'Connor, dans un article du *Los Angeles Times*, reproduit par *Courrier International*, a rapporté le récit du docteur Nazir Uddin Khaja, président du Conseil des musulmans américains, qui accompagnait Jesse Jackson. Le pasteur invita les participants à former un cercle et à prier en se tenant par la main. « De toute évidence, Milosevic a été pris de court. Il ne savait pas quoi en penser, raconte Nazir Uddin Khaja. Jesse Jackson se tenait à côté de lui, la main tendue. Il a mis très longtemps à réagir, il était visiblement déconcerté. »

Selon nos informations, Jackson aurait récité des passages de la Bible, évoquant notamment l'épisode des lions couchés avec les agneaux.

Ensuite, Jackson exposa dans les grandes lignes la position de la délégation américaine, arrêt des massacres au Kosovo, retour des réfugiés albanais dans leur province, installation d'une force de maintien de la paix sous l'égide de l'Onu.

Milosevic conclut qu'un tel « sermon était en contradiction absolue avec son point de vue ». Il qualifia l'Alliance atlantique d'agresseur, se

188

plaçant lui-même dans le rôle de la victime et se posant en « leader visionnaire et populaire ». A certains moments, lors de la discussion, le dirigeant yougoslave s'est emporté, montrant de l'exaspération envers ce qu'il « considère comme l'affront que lui font l'Otan et les Etats-Unis ». On était en plein drame, commente Nazir Khaja qui confia à un autre journal à propos de Milosevic : « je savais que j'aurais à serrer ses mains et je savais qu'elles étaient recouvertes de sang, mais en tant que musulman américain, je me devais d'être présent sur cette plate-forme pour la paix et la justice ».

Au terme de la réunion, et d'une nouvelle prière, Milosevic répondit à la requête qui lui avait été présentée de libérer les prisonniers : « Je vais y réfléchir. »

Puis il se retira pour une discussion en tête à tête avec Jesse Jackson, qui dura une heure et demie, d'abord dans un bureau puis au cours d'une promenade dans les jardins du palais présidentiel.

Peu après, le ministre yougoslave des Affaires étrangères annonça aux Américains que les trois militaires allaient être relâchés.

A l'annonce de cette libération, Jackson téléphona immédiatement à Sandy Berger pour l'en informer. Le conseiller du président américain n'accueillit pas la nouvelle avec un enthousiasme délirant. « La libération de ces trois hommes était évidemment une bonne chose, dira un de ses collaborateurs, mais il

fallait gérer avec soin les conditions dans lesquelles elle survenait. »

Jackson demanda à Berger d'intervenir pour
que l'Otan suspende les bombardements.
Exactement ce que l'Administration américaine craignait. « J'espère, déclara le pasteur
noir, qu'il y aura une interruption des frappes.
Ils sont gardés dans un bâtiment militaire.
Imaginez l'ironie tragique, alors qu'ils sont sur
le point de pouvoir rentrer chez eux, s'ils
étaient touchés par des bombes cette nuit. »

Berger opposa une fin de non-recevoir, mais
Jackson, peu après, renouvela publiquement
sa demande d'une suspension des bombardements par l'Otan et ajouta qu'il estimait que
Slobodan Milosevic était prêt à s'engager dans
des discussions sérieuses sur la base des cinq
propositions avancées par l'Otan, prévoyant
notamment le déploiement d'une force armée
internationale au Kosovo et la fin des violences ethniques contre les Albanais de la
province.

Milosevic et Clinton, deux personnalités
totalement dissemblables, possédaient cependant un trait de caractère en commun : une
capacité à créer l'illusion qu'ils se rangeaient
aux arguments et aux propos développés par
l'interlocuteur qui leur faisait face. Véritables
caméléons, manœuvriers hors pair et piètres
stratèges, ils s'étaient l'un et l'autre enlisés
dans un conflit dont ils s'efforçaient de sortir
au mieux. L'un et l'autre, quand il le fallait,
tenaient plusieurs langages.

190

La libération des trois prisonniers américains faisait la une de tous les journaux télévisés aux Etats-Unis et constituait pour le leader serbe une efficace diversion. « Il était en droit de penser, selon un observateur, que le peuple américain ayant récupéré ses trois " victimes " du conflit cesserait de le considérer comme un démon malfaisant. »

A Washington en tout cas les règlements de comptes se déroulaient dans une ambiance feutrée. Plusieurs membres du cabinet reprochaient à Madeleine Albright d'avoir totalement sous-estimé Milosevic, son endurance, sa détermination. « Expliquer au fil des mois que nous devions stopper Hitler Junior, déclare un officiel américain, ne nous a pas conduits pour autant à penser et préparer ce conflit et encore moins à envisager quel type de solution, négociée ou militaire, pourrait être appliquée. »

L'administration Clinton révélait un formidable paradoxe : la puissance américaine n'avait jamais été aussi grande, son emprise sur les affaires mondiales aussi forte. Et pourtant, l'homme en place à la Maison-Blanche paraissait singulièrement embarrassé et dépourvu de vision à long terme face aux dossiers qu'il avait à traiter. « Il ne se conduisait pas comme un véritable leader, confiait un officiel européen à propos du conflit du Kosovo. Il ne nous disait pas clairement ce qu'il voulait et nous ne savions pas davantage ce qu'il ne souhaitait pas. Lui non plus probablement. »

L'ancien secrétaire d'Etat, Henry Kissinger, virtuose de la géopolitique, expliquait clairement que la problématique du conflit avait été mal posée :

« La guerre au Kosovo, écrivit-il dans *Newsweek*, est le produit d'un conflit vieux de plusieurs siècles. Il se déroule sur la ligne séparant les empires autrichiens et ottomans, l'Islam et la chrétienté, le nationalisme albanais et le nationalisme serbe. Ces groupes ethniques ont vécu pacifiquement uniquement quand cette coexistence leur a été imposée, sous les empires étrangers ou la dictature de Tito.

« Slobodan Milosevic n'est pas Hitler mais un voyou des Balkans et la crise au Kosovo n'a pas d'analogie avec les événements qui précédèrent la Première Guerre mondiale. Ni Milosevic ni quelque autre dirigeant des Balkans n'est en position de menacer l'équilibre global, comme le président Clinton l'affirme constamment.

« Milosevic porte une responsabilité majeure dans les brutalités survenues en Bosnie. Mais, à l'opposé de la Bosnie, le Kosovo est une guerre pour un territoire considéré par les Serbes comme un trésor national. C'est la raison pour laquelle on décèle peu de signes, à Belgrade, d'opposition à la politique suivie par Milosevic au Kosovo.

« La Premiere Guerre mondiale fut déclenchée dans les Balkans, non pas en raison de conflits ethniques, mais précisément pour la raison opposée : parce que des puissances

étrangères intervinrent dans un conflit local.
L'assassinat du prince héritier d'Autriche, une
puissance impériale, par un nationaliste serbe
conduisit à une guerre mondiale parce que la
Russie soutenait la Serbie et que la France
soutenait la Russie, tandis que l'Allemagne
appuyait l'Autriche. »

Le 12 avril, au soir, Elie Wiesel avait prononcé à la Maison-Blanche une conférence sur
le thème : « Les périls de l'indifférence ». Il
avait évoqué l'attitude de Roosevelt, son « lea-
dership dans le combat mené contre le mal ».
Selon les témoins, Bill Clinton et Hillary
l'écoutaient attentivement. Wiesel avait conclu
en déclarant qu'il « était fier que le monde,
aujourd'hui, ne reste pas silencieux devant les
crimes commis contre l'humanité ».

Des propos qui étaient allés droit au cœur
du président américain. « Il était convaincu,
selon un homme qui le connaissait bien, d'être
engagé dans une guerre juste, mais qu'elle fût
juste ne lui donnait pas entièrement satisfaction. Ce qu'il retenait avant tout c'est qu'il
était engagé dans une guerre et cette idée ne
lui plaisait vraiment pas. »

Tandis qu'à Belgrade Jesse Jackson repar-
tait avec les prisonniers, Milosevic saluait l'initiative du pasteur en déclarant : « C'est un réel
effort en faveur de la paix. »

Les émissaires se croisaient dans la capitale
yougoslave. Le vendredi 31 avril, Milosevic
avait rencontré pendant six heures l'envoyé

spécial de Moscou Viktor Tchernomyrdine.
Selon le responsable russe, « de solides progrès » avaient pu être constatés au cours de
ces échanges. Le président yougoslave se montrait notamment disposé à autoriser le
déploiement au Kosovo d'observateurs de
l'Onu, légèrement armés, et appartenant à des
pays de l'Otan comme la Grèce et l'Italie.

Maître de l'ambiguïté, manipulateur chevronné, Milosevic, surnommé par les dirigeants anglais « Serial Ethnic Cleanser »
(nettoyeur ethnique en série), appliquait à la
lettre le principe suivant : « il convient de
négocier, négocier inlassablement, surtout si
l'on n'est pas disposé à céder ».

Il avait accordé le même jour à un journaliste américain chevronné, Arnaud de Borchgrave, sa seconde interview depuis le début du
conflit. L'entretien publié par UPI fournissait
d'intéressantes précisions sur l'état d'esprit, les
vues et les intentions supposées du leader
serbe. Milosevic traitait avec sarcasmes la
stratégie américaine : « Vos dirigeants ne sont
pas des penseurs en matière de stratégie. Par
contre, pour le bricolage à court terme, ça oui.
Ils se sont dit " bombardons la Yougoslavie et
nous verrons ensuite ce que nous ferons ".
Quelques-uns ont même dû déclarer : " Milosevic cédera le Kosovo après quelques jours
d'agression aérienne ". » Selon lui, l'Otan avait
fait une erreur de calcul. « Vous n'êtes pas
prêts à sacrifier des vies pour obtenir notre
reddition. »

Questionné sur le type de présence internationale qu'il accepterait au Kosovo, le président yougoslave répondit : « Il n'y a pas de place pour des forces militaires. Que feraientelles sinon détruire nos routes avec des véhicules à chenilles ? » Selon lui, les membres d'une présence sous égide des Nations unies « pourraient être équipés d'armes défensives, mais nullement d'armes offensives ». Pour Milosevic, un compromis avec l'Otan impliquerait que l'Alliance retire ses troupes « actuellement concentrées sur nos frontières avec l'Albanie et la Macédoine ». Il ferait coïncider ce retrait avec celui des troupes serbes au Kosovo.

A plusieurs reprises, au cours de l'entretien, il réaffirma son refus de toute force étrangère au Kosovo qui représenterait, selon lui, une « occupation ». Il cita l'Irlande, la Russie, l'Ukraine et la Biélorussie, parmi les pays acceptables qui pourraient fournir les contingents d'une future force de l'Onu. Revenant sur les négociations de Rambouillet, Milosevic les qualifia de « diktat ». La conférence prévoyait le déploiement d'une force de paix de 28 000 hommes. Selon lui, ces effectifs incluaient 4 000 soldats américains équipés d'armes lourdes, de tanks et de transports de troupes blindées, ce qui était « inacceptable ».

« Le Kosovo a besoin d'aide et non d'armes », dit-il. Il apporta également une précision d'importance quant au renforcement de ses troupes, observé par l'Otan. Selon l'Alliance, Milosevic avait massé un peu plus de 40 000 hommes au Kosovo. Lui prétendait avoir fait passer ses effectifs de « 40 000 à 100 000 hommes après avoir entendu des voix au sein de l'Otan demander d'urgence aux responsables politiques de donner l'ordre de déployer les troupes terrestres ».

Paradoxal et extrêmement libéral avec la vérité, Milosevic se livra devant Arnaud de Borchgrave à une attaque en règle contre l'UCK, l'armée de libération du Kosovo, l'accusant de chercher à instaurer « un Etat racialement pur », et il ajouta ces propos stupéfiants : « C'est précisément l'opposé de ce qui se passe actuellement dans le monde. Dans le nouveau village global, la tendance est aux Etats ethniquement mélangés. »

CHAPITRE XVI

Le vendredi 7 mai, 15 minutes avant minuit, trois bombes guidées par satellite et larguées par un bombardier B-2 touchèrent de plein fouet leur cible, détruisant totalement le bâtiment visé. Cette frappe allait avoir des conséquences incalculables, fragiliser la stratégie de l'Otan et les efforts entrepris pour aboutir à une solution négociée.

Elle jetait aussi un éclairage cru sur cette guerre « high-tech », ses ambiguïtés, ses illusions et ses limites.

Le B-2 qui avait accompli cette mission était présenté comme un appareil révolutionnaire dans sa conception, échappant à toute détection. Il avait décollé de la base de Whiteman dans le Missouri. Le pilote était peut-être celui dont le *Wall Street Journal*, repris par *Courrier international*, restituait la vie paisible.

« Il a quitté sa base pour le Kosovo. Là, il a largué plus d'une dizaine de bombes de 900 kilos, puis, sans toucher le sol, il a fait demi-tour et est revenu jusqu'à cette base située à environ 100 kilomètres au sud de Kansas City. De retour chez lui, se souvient-il,

" ma femme m'a embrassé, puis elle m'a dit : tonds la pelouse, pendant ce temps-là, je vais récupérer les gosses. Après ça, nous avons réservé chez Pizza Hut parce que c'était la fête ", autrement dit, la fin de sa première mission de combat. " Sa première mission est tombée le jour de son anniversaire, explique l'épouse d'un autre pilote de B-2. Je lui ai préparé un repas avec un gâteau d'anniversaire. Le lendemain, c'était le premier match de foot de mon fils et il a marqué son premier but. " Mais elle reconnaît que l'expérience lui a laissé un sentiment " très étrange : partir larguer des bombes, rentrer à la maison et venir ensuite voir le match de foot de notre fils ". »

L'ambassade de Chine à Belgrade n'était plus qu'un champ de ruines fumantes, d'où l'on retira trois morts et vingt blessés. A Pékin, dès l'annonce de la nouvelle, des manifestants, soigneusement canalisés par la police, encerclaient l'ambassade des Etats-Unis en criant des slogans hostiles à Clinton et à Albright. A l'Académie centrale des beaux-arts de Pékin, des étudiants exhibaient un collage à partir du *Guernica* de Picasso où l'on pouvait voir le visage de Clinton contemplant le carnage. D'autres banderoles, plus ironiques celles-là, portaient le slogan : « Clinton, nous ne sommes pas Monica. »
Le chef d'état-major, le général Shelton, fut le premier à prévenir le Président américain qui quitta immédiatement ses appartements pour gagner la Situation Room. Des opéra-

teurs lui transmettaient les informations quasiment minute par minute.

« Clinton était très ébranlé, selon l'un de ses collaborateurs. Le drame survenait au pire moment. S'il y avait bien un bâtiment dans Belgrade qu'il fallait épargner, c'était l'ambassade de Chine. Pékin manifestait une relative neutralité dans le conflit, estimant qu'il n'avait aucun intérêt national à défendre dans les Balkans. De plus, ils possèdent un droit de veto au Conseil de sécurité de l'Onu. »

« Quand l'étendue du désastre, à Belgrade et sur le terrain diplomatique, lui apparut clairement », selon les termes d'un membre de la Maison-Blanche, il chercha à joindre au téléphone le Président chinois Jang Zemin, sans succès ».

A Moscou, Eltsine réagit avec colère et intima l'ordre à son ministre des Affaires étrangères Igor Ivanov d'annuler la visite de trois jours qu'il devait effectuer en Ecosse, à l'invitation de son homologue anglais.

Robin Cook l'attendait dans sa maison d'Edimbourg et avait prévu de l'emmener voir *Aïda* à l'Opéra puis de le conduire dans quelques-unes des distilleries de malt écossais les plus réputées de la ville.

Ceci ne constituait qu'une mince partie de l'emploi du temps prévu. Cook et Ivanov devaient tenter d'harmoniser leurs positions après la rencontre survenue quelques jours plus tôt, le jeudi 6 à Bonn. Les ministres des Affaires étrangères du G7, regroupant les principaux pays industrialisés, avaient accueilli le représentant russe. Le responsable allemand de la diplomatie, Joska Fisher, avait eu un premier tête-à-tête avec Ivanov qui lui avait suggéré d'annoncer une pause unilatérale de 24 heures dans les bombardements. « Je vous assure, avait-il ajouté, que ceci suscitera une réponse de Belgrade. » Fisher avait immédiatement écarté cette suggestion, réaffirmant la position des alliés : pas d'arrêt des frappes avant le retrait des troupes serbes du Kosovo.

La rencontre du G8 avait permis de rapprocher les positions. Les Occidentaux défendaient l'idée prônée au sommet de Washington d'une force militaire internationale permettant d'assurer le retour des réfugiés. La Russie insistait pour qu'il s'agisse d'une force de sécurité civile, les Américains et les Anglais préconisaient une « force militaire », une formulation rejetée par Ivanov.

L'ensemble des participants tombait d'accord sur deux points : cette force devait être en mesure de protéger les réfugiés et de désarmer les combattants de l'UCK.

Le communiqué final du G8 présentait un document en six points cosigné par le ministre russe. Le texte réclamait le retrait de toutes les forces serbes, le retour libre et en sécurité de tous les réfugiés, l'arrêt immédiat et vérifiable de la violence et de la répression, le déploiement de présences internationales efficaces (le chef de la diplomatie britannique, Robin Cook, avait insisté sur l'emploi du terme « efficace ») civiles et de sécurité avalisées par les Nations unies, l'établissement d'une administration intermédiaire décidée par le Conseil de sécurité, la mise en place d'un processus devant conduire à un accord intérimaire fondé sur une autonomie substantielle prenant en compte les acquis de Rambouillet telles la souveraineté et l'intégrité territoriales de la Yougoslavie, et la démilitarisation de l'UCK.

« Nous étions objectivement optimistes quand ce document fut signé, déclare un diplomate européen, et rétrospectivement c'était naïf. Moscou et les pays de l'Otan, nous le savons pourtant, ne poursuivent pas les mêmes buts, n'interprètent pas la même partition. »

Les discussions de Bonn avaient laissé en suspens un certain nombre de points : la composition exacte, le mandat et l'armement de la future force internationale, l'ampleur du retrait militaire serbe du Kosovo, la manière dont ce retrait serait lié à la fin des bombardements de l'Otan. Enfin, une telle solution devrait-elle être négociée avec Belgrade ou lui être imposée ? La rencontre, annulée, entre Igor Ivanov et Robin Cook en Ecosse devait permettre, selon un responsable, de « remplir tous ces blancs et nous pensions qu'ensuite, en honnête coursier, Moscou vendrait ce projet à Belgrade ».

Il ne fallut que quelques jours aux Occidentaux pour déchanter. La destruction de l'ambassade de Chine incitait Moscou à durcir le ton et à faire monter les enchères.

Le chef de la diplomatie russe rappelait que ses collègues, dans le communiqué commun de Bonn, avaient réaffirmé que tout règlement devrait préserver l'intégrité territoriale de la Yougoslavie.

Ivanov remplissait bien les blancs mais à sa manière. Il ajoutait que le texte ne mentionnait pas expressément le retrait de toutes les forces serbes, notamment les groupes paramilitaires. D'autre part, selon Moscou, aucune force de protection ne devrait pouvoir entrer au Kosovo sans le vote préalable d'une résolution du Conseil de sécurité, où Moscou et Pékin détenaient chacun un siège et un droit de veto, en tant que membre permanents.

Les alliés découvraient brusquement qu'ils étaient piégés : ils espéraient aboutir au vote par le Conseil de sécurité d'une résolution qui aurait défini le contenu et l'organisation de ces « présences internationales effectives, et de sécurité ». Moscou réclamait toujours l'arrêt préalable des bombardements et l'acceptation par Belgrade de cette résolution.

Au sein de l'Alliance, les tensions se faisaient jour. Plusieurs responsables militaires américains critiquaient désormais ouvertement les options choisies par Wesley Clark et laissaient entendre que la poursuite des bombardements aériens, sans autre plan, conduirait à un échec. Robin Cook déclarait : « Nous n'allons pas tourner en rond en Macédoine, jusqu'à une grande cérémonie de signature d'un accord avec chapeaux et caméras. » Le ministre français des Affaires étrangères Hubert Védrine avait expliqué, agacé : « Une intervention terrestre n'a pas été la ligne retenue au sommet de l'Otan à Washington. La stratégie de l'Alliance n'a pas changé depuis. »

Chirac en privé se montrait exaspéré par l'attitude de Blair. Pour le Président français, le Premier ministre anglais voulait apparaître comme le plus déterminé des responsables de l'Alliance, « se prenant pour Churchill ». « Ah bon, il aurait dit ça, rétorque un officiel anglais. Évidemment c'est difficile pour lui de passer pour de Gaulle. » Ambiance.

Schröder en visite à Pékin, pour quelques heures, et venu présenter les excuses des Européens au bombardement de l'ambassade chinoise à Belgrade, avait été « accueilli avec une telle froideur, selon un diplomate allemand, qu'il en avait pratiquement eu des engelures ».

L'Alliance se divisait insensiblement et ses membres manifestaient une lassitude croissante devant cette guerre qui s'éternisait.

Tous les regards se tournaient vers Washington et « l'énigme de la Maison-Blanche » selon la formule d'un observateur.

Quelles étaient les intentions de Clinton « de moins en moins assuré et de plus en plus silencieux », selon un témoin ? Les trois missiles qui avaient touché le bâtiment chinois avaient fait vaciller ses convictions. La CIA qui avait « traité » la cible avait dû admettre son erreur et George Tenet convoqué par le Président américain dans le bureau ovale avait affronté un entretien orageux : l'agence avait transmis à l'Otan des renseignements erronés en utilisant une carte de Belgrade vieille de trois ans. Entre-temps, l'ambassade de Chine avait déménagé et changé de bâtiment. La cible visée était une compagnie spécialisée dans le commerce d'armes SDPR située à quelques certaines de mètres de l'ambassade.

Clinton s'inquiétait de l'attitude russe, lui qui comptait tant sur Moscou pour arracher à Belgrade un accord négocié.

« Il avait cajolé Eltsine au maximum. Il y avait un détail qui ne trompait pas, déclarait un collaborateur, même avec ses proches, il passait au maximum cinq minutes au téléphone. Avec le Président russe, il restait parfois plus de 90 minutes, patient, acquiesçant. »

« En fait, confiait un responsable du département d'Etat, toute voie diplomatique passe par les Russes, à condition qu'ils ne cherchent pas à la couper. »

Washington et les alliés redoutaient deux choses : que Moscou n'ait pas réellement la volonté d'aboutir à un accord de paix et qu'il s'emploie au contraire à infliger une véritable humiliation à l'Otan.

Au Kremlin, Eltsine tonnait : « La Russie pourrait se retirer du processus de négociations si ses efforts de médiation étaient ignorés. Ce n'est pas nous qui participons à cette guerre ni qui l'avons fait éclater. Manifestement nos appels et nos multiples propositions ne parviennent pas à leurs destinataires. »

A l'issue de l'entretien avec le secrétaire d'Etat adjoint américain, Strobe Talbott, le ministre russe des Affaires étrangères, Ivanov, avait déclaré : « L'intensification des opérations de l'Otan menace la poursuite du processus de négociation. »

45 000 Kosovars avaient trouvé refuge en Albanie juste avant le déclenchement des frappes. Ils étaient désormais plus d'un million ; les pays limitrophes étaient en voie d'implosion et les forces serbes poursuivaient leur politique d'épuration malgré une moyenne de 700 raids par jour menés par une flotte dépassant désormais les 1 000 avions.

« J'ai fait un rêve », avait déclaré Martin Luther King, une des idoles de Bill Clinton. Lui redoutait de voir le sien, fracassé. Dans un peu plus d'un an, il allait quitter la présidence et peut-être cette guerre provoquerait-elle la défaite du candidat démocrate, le vice-président Al Gore.

« Après l'affaire Lewinsky, rapporte un de ceux qui le connaissent bien, il rêvait de réhabiliter sa présidence, de quitter le devant de la scène avec éclat et de laisser dans l'Histoire et les mémoires le souvenir d'un dirigeant qui avait conforté la puissance de l'Amérique et le bien-être du peuple américain. Au lieu de cela, angoissé, il voyait se rapprocher le spectre d'un nouveau Vietnam, ce Vietnam, ironie absolue, qu'il avait tant combattu. »

« Si j'étais Milosevic, confiait Brent Scowcroft, je serais plus optimiste qu'au début.

205

Tous les signaux qui lui ont été envoyés étaient erronés. Nous n'avons rien fait d'autre que de déclarer "nous allons poursuivre les bombardements ".

» Les erreurs de frappe s'accumulaient et Wesley Clark insistait pour que l'Otan déploie dans les plus brefs délais une force aux frontières du Kosovo.

Bill Clinton ne pouvait plus désormais différer le moment du choix.

« Il ne faut pas être un génie militaire pour comprendre que la stabilité et la sécurité dans cette région ne pourront jamais être rétablies sans la présence d'une force d'interposition, déclare un expert du Pentagone. Ceci apparaissait comme une évidence depuis le début, mais le président a choisi de l'ignorer. »

Pour qu'une opération militaire ait quelques chances de se déployer dans des conditions correctes sur un terrain aussi accidenté que celui du Kosovo, il faut que la décision soit prise au plus tard à la mi-juin. Un choix lourd de conséquences, impliquant des risques de pertes en vies humaines.

Officiellement, le président « consultait ». Le 21 mai, l'administration américaine avait annoncé qu'elle appuyait le déploiement de 50 000 hommes aux frontières du Kosovo.

« Tout l'objectif de Milosevic, estime un observateur, est de ralentir les choses et de durer jusqu'à la fin de l'été. Après, il sera trop tard en raison du climat, pour déployer des forces sur le terrain. Il lui faut continuer de faire croire qu'il négocie en pariant sur la lassitude de ses adversaires et la complicité de Moscou. Milosevic au fond, c'est un squatter. Il occupe illégalement un logement et attend impatiemment l'arrivée de l'hiver car il sait qu'on ne pourra plus l'expulser. »

« Je ne sais pas comment se terminera cette guerre, confie un diplomate, mais je sais que durant de nombreuses réunions tenues au sein de l'Otan, régnait parfois un climat surréaliste. Les 19 représentants des Etats membres choisissaient soigneusement et consensuellement les cibles qui seraient détruites quelques heures plus tard, puis ils évoquaient les projets de reconstruction de la Yougoslavie et les financements qui pourraient être alloués. Comme le déclarait un officiel américain : " la Serbie n'est pas un pays comme le Vietnam qui pouvait être laissé dévasté. Elle est située au cœur de l'Europe et ne peut pas rester détruite et appauvrie ". »

Les pays occidentaux avaient consacré 5 milliards de dollars à la reconstruction de la Bosnie et 12 milliards de dollars étaient envisagés pour la Serbie. Un montant dérisoire au regard des destructions infligées. Selon l'économiste en chef de la firme Lehman Brothers, la seule reconstruction du pont enjambant le Danube à Novi Sad coûterait 50 millions de francs.

Première touche morale d'une « guerre éthique » et ultime paradoxe qui lui conférait toute sa dimension symbolique : Milosevic est inculpé de « crimes de guerre » et de « crimes contre l'humanité », avant même la fin du conflit. A la différence de Nuremberg, l'affrontement n'est pas encore terminé que la justice internationale désigne le coupable. À travers le TPI, une juridiction indépendante, ce n'est plus la justice des vainqueurs. Milosevic inculpé ne serait plus en mesure, dit-on, de négocier. Au grand dam de Moscou et de Washington : tous les calculs de la diplomatie traditionnelle pourraient être déjoués.

Cet ouvrage a été composé et réalisé par la
Société Nouvelle Firmin-Didot (Mesnil-sur-l'Estrée)
pour le compte de La Librairie Plon

Achevé d'imprimer en juin 1999

Imprimé en France
N° d'édition : 13078 – N° d'impression : 47280
Dépôt légal : juin 1999